レンジがあればなんでもできる！

早ワザ・神ワザ・

絶品レンチンごはん

電子レンジ料理研究家
タケムラダイ

宝島社

はじめに

はじめまして。
電子レンジ料理研究家のタケムラダイです。

まずは、世に数多とあるレシピ本の中から、本書を手に取って下さったことに、
海よりも深く、山よりも高く、感謝を申し上げます。

必然なのか、偶然なのか、運命なのか、気まぐれなのか、
もしかしたら他の方のレシピ本と間違えて開いちゃったのかもしれません。
でも待って！ 閉じないで！
私から皆さんへの感謝を「電子レンジだけしか使わない、
超簡単なのに超絶品なレンチン料理」でお返しさせて下さいませ！

さて……

「電子レンジ料理研究家ってなによ？」
「タケムラダイ……ってどこで区切るの？」
「(ﾟдﾟ)ﾊｧ？ そもそも誰?」

冒頭からツッコミどころ満載なのは承知しておりますが、
私のパーソナルな部分まで詳細に書こうとすると、
レシピ本ではなく自叙伝になりかねませんので、
ごくごく簡単に自己紹介をさせて下さい。

現在、私「タケムラダイ（姓はタケムラ、名はダイ）」は、
電子レンジ料理研究家としての活動とは別に、
家庭用ゲーム機のゲームソフトを開発するクリエイターや、
作詞家としてアーティストのプロデュースを行うなど、
業態やジャンルにとらわれないマルチな活動を展開させて頂いております。
（※注）ハイパーメディアクリエイターとかではないです。

そうやって自分の興味が湧いたものに手あたり次第に首を突っ込みまくった結果、
自業自得ではあるのですが、どんどんやることが増えていき、結果、
幼少からの趣味であった「料理」に満足な時間が取れなくなってしまったんです。

「料理は愛情・手間暇・時間をかけて作るもの」
某番組に出演させて頂いた際に、300年に一人の役者であり、
ご本人も大の料理上手であらせられる、梅沢富美男様から、
そんなお叱りを受けたのは記憶に新しいところでして……

おっしゃる通りだと思います。
ただ、私に限らず皆さんも同様の悩みをお持ちではないでしょうか？

家族や愛する人のために手間暇かけた美味しいご飯を作ってあげたい！
でも、日々の仕事は待ってくれない、料理以外にも山ほどある家事や育児、
趣味にだってもっともっと時間を使いたい……

そんなお悩みをスッキリ解消してくれる魔法の合言葉！
(皆さんでご一緒に〜〜〜)

「レンジがあればなんでもできる」

そうなんです！（最後の最後でやっと本題）

電子レンジをうまく使いこなしさえすれば、手間暇かけて作ったような絶品料理が、
時短・簡単・レンチン1発で、お気軽＆お手軽に作れちゃうんですっ！！！

つまり、本書はただのレシピ本じゃ〜〜〜ござ〜〜〜ませんの。
忙しい日々を送る皆さんが、より、時間を有効に、
有意義に使うための指南書でもあるのです！！！
(き、きまった……)

本書を手に取って下さった一人でも多くの方が、
「あったかレンチンライフ」を満喫できるよう願いつつ……

ご唱和ください！！！

1、2、3、チーン！

最高のパートナー

CONTENTS

- 2 はじめに
- 8 知れば知るほど魅力的
  電子レンジのココがすごい！
- 10 料理がもっと楽しく簡単に♪
  タケムラ流レンチン術
- 12 はじめる前にしっかり読んでください！
  レンジの基本と注意点
- 14 ほぼ家にあるかスーパーで手に入るものだけ！
  使う調味料一覧

PART 1
15 レンチンパパ・タケムラ家の人気飯BEST15

- 16 **BEST1**
  え、コンビーフ？ と思った方に絶対食べてほしい
  玉ねぎ丸ごとカレー
- 18 **BEST2**
  大量の揚げ油なんてもう要らない！
  揚げないコロッケ
- 20 **BEST3**
  かたまり肉を10分チンするだけでホロホロやわらか
  コーラで煮込む豚の角煮
- 22 **BEST4**
  甘みとコクのしっかり味で食べ応え満点
  本格レンチンしゅうまい
- 24 **BEST5**
  魚の臭みが消えて風味がアップ！
  タケムラ流・さばのみそ煮
- 26 **BEST6**
  手をまったく汚さずに楽しく作れる！
  マグカップハンバーグ

- 28 **BEST7**
  なす、春雨、豆腐ぜ〜んぶ集合！
  麻婆オールスターズ
- 30 **BEST8**
  もっちり濃厚！ もうフライパンいらないかも！
  カンタン・ナポリタン
- 32 **BEST9**
  特別な器もワザも必要なし！
  カマンベールチーズフォンデュ
- 34 **BEST10**
  レンチンなら肉や野菜の火の通り具合も完璧！
  簡単プルコギ
- 36 **BEST11**
  25分かかる!? でもほとんど自由の身！
  具だくさんポトフ
- 38 **BEST12**
  さっぱりトマトとチーズのコクが絶妙
  イタリアン焼UDON
- 40 **BEST13**
  めんつゆを使えば味つけもすぐキマる♪
  マグカップで本格親子丼
- 42 **BEST14**
  こんなに簡単に絶品とろふわスイーツが!?
  超時短！フォンダンショコラ
- 44 **BEST15**
  おうちで簡単カフェ風おやつ♪
  焼きりんご

PART 2

**45 汁ものだって
ぜ〜んぶレンチン！
パパっと献立**

48 1日目「野菜のうまみしみしみ」献立

無水で野菜のうまみ凝縮！
鶏肉のトマト煮込み

きのことハムのうまみが広がる
えのきのパスタサラダ

意外なほどに好相性！
納豆カレースープ

50 2日目「定番にしたい和食」献立

ホクホク煮ものも10分で完成！
レンチン肉じゃが

うまいうまい！ 箸が止まらない！
タケムラ流・無限ピーマン

まいたけと油揚げでうまみたっぷり
山盛りきのこ汁

**52 3日目「忙しくても手抜きにならない！
ワザあり」献立**

ごま油の風味とにんにくが味を引き立てる
キャベツとさば缶のレンジ蒸し

加熱した納豆は驚きの食感に！
ほわっほわ納豆

大根おろしでさっぱり
おろし豚汁

54 4日目「マンネリ脱出！進化版」献立

カレーマヨを添えて味かえできる！
焼かない豚のしょうが焼き

クミンの風味と甘みがマッチ！
エスニックポテサラ

牛乳にみそのコクがプラスされてほっこり
SMMS（さけとミルクのみそスープ）

56 5日目「ごはんに合うほっこり」献立

簡単なのに絶品！ 魚料理が苦手な人にぜひ作ってほしい！
さけさけ蒸し

しょうがのパンチがきいた甘辛おかず
牛のしぐれ煮

バターが溶け出しほっこりとした味わい
じゃがバタみそ汁

58 6日目「疲れたときのラクちん」献立

さっぱりしつつ豚の甘みとバターのコクが◎
豚しゃぶおろしポン酢パスタ

アンチョビがなくてもさば缶でOK！
サバーニャカウダ

にんにくのレンチン技が光る1品
ガーリックコンソメスープ

60 7日目「週のラストのりきり」献立

どこかほっとするやさしい味
ゴロゴロ鶏の混ぜごはん

万能塩こんぶがあれば、あと1品がラクラク
キャベツの温サラダ

おいしいだしも電子レンジで簡単！
ふわふわ卵のお吸い物

62 <u>Column 1</u>

ちょっと味かえでマンネリ脱出！
「献立」おかずをお弁当用にアレンジ

「鶏肉のトマト煮込み」→**酢鶏に**
「レンチン肉じゃが」→**肉じゃがコロッケに**
「さけさけ蒸し」→**さけフレークに**
「焼かない豚のしょうが焼き」
→**ポークジンジャーチャーハンに**
「牛のしぐれ煮」→**牛卵とじに**
「ゴロゴロ鶏の混ぜごはん」→**鶏のちらし寿司に**

64 <u>Column 2</u>

料理のバリエーション広がる！
「献立」とほぼ同じ食材でもう1品

「鶏肉のトマト煮込み」と同じ食材で**チーズタッカルビ**
「レンチン肉じゃが」と同じ食材で**ビーフシチュー**
「キャベツとさば缶のレンジ蒸し」と同じ食材で**バインミー**
「焼かない豚のしょうが焼き」と同じ食材で**ポークチャップ**

PART 3
**67 困ったときはこれ！
使える「ひき肉」おかず**

68 3つの「ひき肉ベース」でパパっと9品作れます

70 みそをたっぷり入れるのがポイント
【豚肉みそベース】

71 しみしみ大根のコツは冷凍にアリ！
肉みそ田楽

食べごたえのあるおかずやっこ！
韓国風・肉みそ冷や奴

電子レンジが大きければ1本丸ごといけます！
ねぎの七味肉みそマヨ

72 子どもも大人もみ～んな大好き
【ミートソースベース】

73 蒸しにんにくとガーリックチップもレンチン！
にんにくボロネーゼ

ミートソースにバターのコクもプラス
じゃがバタミート

ミートソース+カレー粉で簡単アレンジ
イタリアンドライカレー

74 しょうがが効いた大人のそぼろ
【鶏そぼろベース】

75 やさしい甘みで彩りも鮮やか
三色丼

レンチンならかぶも4分でほろほろに
丸ごとかぶのそぼろあんかけ

ピリ辛そぼろでやみつきおかずに
バンバンジー風・たたききゅうり

76 **Column 3**
ぜ～んぶ100円ショップ
電子レンジ便利グッズ

PART 4
**77 包丁を使わない
超時短レンチンごはん**

78 包丁を使わないラクチン技

80 とにかく早い！うまい！うまみがすごい！
魚介を食べるカレー

82 ふわふわ卵が麺にからむ！
タケムラ流・絶品かま玉うどん

84 ポテトチップスの食感とクミンの風味が楽しい
簡単タコライス

86 レンチン"たまごかけごはん"にドハマリすること間違いなし！
究極を超えたTKG

88 かわいい見た目に子どもも大喜び
マグカップオムライス

90 驚くほど時短。もっと時間がかかるものじゃなかった？
マグカップフレンチトースト

92 ごはんにお餅をのせる発想なかった！
もち米いらずの簡単おはぎ

94 お菓子のキャラメルを牛乳に入れて溶かすだけ！
キャラメルアフォガード

PART 5
**95 めんどうな下ゆで不要
栄養丸ごとレンチン副菜**

96 ブロッコリー

97 マスタードの酸味とベーコンのうまみが好相性
ブロッコリーの粒マスタードあえ

やさしい甘みのあんがたっぷり
ブロッコリーのシーフードあんかけ

ブロッコリーのつぶつぶ食感が楽しい！
ブロッコリーえびマヨ

98 ほうれん草

99 白ごま、黒ごま、ごま油の三重奏！
ほうれん草のトリプルごまあえ

ベーコンの塩けがアクセント！
ほうれん草のココット

シャキシャキ食感がたまらない韓国風卵焼き
薄焼き卵の巻ナムル

100 アスパラガス

101 子どもと一緒にアスパラをさして
ツナマヨアスパラ

ふわっとしたとろろ昆布と塩昆布をかけるだけ
アスパラ昆布

ベーコン、バター、アスパラの最強タッグ
アスパラおむすび

102 なす

103 ほろっとなすにしょうがのアクセント
なすのピリ辛煮浸し

丸ごとチン！で大革命
スタミナ焼きなす

パンチのある甘辛みそで白米がすすむ！
とろとろなすみそ

104 玉ねぎ

105 食べにくいけど肉汁と玉ねぎの甘みが絶品！
玉ねぎバーガー

"玉ねぎだけ"とは思えない満足感
W玉ねぎサラダ

玉ねぎってこんなに甘かったのね（涙）
玉ねぎの冷製ポタージュ

106 きのこ

107 きのこよりもカリカリチーズに感動！（じゃあチーズのレシピじゃん）
きのこバターのチーズせんべい添え

細目にして見たらもうあわびの刺身！（そうか？）
エリンギのお刺身

きのこのうまみとバターのコクが最高
きのこのキッシュ

108 豆腐

109 見た目のインパクトと手軽さはピカイチ！
自分好みの麻婆豆腐

あさり水煮缶のうまみが広がる
スンドゥブチゲ

型がなくてもボウルやタッパーでOK
豆腐蒸しパン

110 油揚げ

111 油揚げがサクサク衣に大変身！
きつねコロッケ

ジューシーで食べごたえ満点！
きつねギョーザ

大きな油揚げに詰められるだけ詰めちゃえ！
ドデカ爆弾いなり

112 **Column 4**

何度もリピートするほど溺愛
常備しているおすすめ冷凍食品

PART 6
113 市販の冷凍食品にみえない率100%！レンチンだましめし

114 チャーハンだけで食べるよりもハマる人続出！
中華ちまき

116 あさりのだしがきいて牛乳だけなのに濃厚！
和風クラムチャウダーリゾット

118 このひと手間で冷食が一気にお店風に
油淋鶏（ユーリンチー）

120 コロッケとカツの衣がカレーパンの香ばしさを演出
プチカレーパン

122 おにぎりが一気にグレードアップ！
和風肉巻きおにぎり

124 カリカリのごはんせんべいが止まらない！
中華おこげ

126 焼そば入りお好み焼きはとにかくボリューム満点
モダン焼き

128 ツルツルさっぱり！ にんにくがアクセント
トルコ風 水ギョーザ

130 **Column 5**

「調味料マニアのちょい足しのススメ」で紹介
料理がさらにおいしくなる調味料10選

132 **Column 6**
食材別加熱の目安と便利ワザ

138 素材別INDEX

142 おわりに

電子レンジ

知れば知るほど魅力的

"電子レンジは温めるだけのもの"と思っているそこのあなた！
待って。電子レンジには、ココまでできるの？という魅力がたくさん！！
知った今日からあなたの最高のパートナーになること間違いなし。

1 とにかく簡単

なんといっても火を使わないのが電子レンジ最大の魅力。食材と調味料を入れたらボタン一つで調理してくれるので料理がとっても簡単です。火加減なども見なくていいので、料理初心者さんでも失敗知らず。

2 驚くほど時短

鍋やフライパンは、食材の外側から熱を伝えていくのに対し、電子レンジは食材の水分の振動を使って内側から熱が伝わるため、長時間煮込む必要のある固めの野菜などもあっという間にやわらかくなります。毎日忙しくてごはんを作る時間がない！と感じている方こそ、ぜひ電子レンジを味方につけてください。

3 油ひかえめだからヘルシー

油をひいて炒める、焼くなどの過程がないのでとってもヘルシー。その分、カリっと仕上げるのが苦手ではありますが、油の温度や量を気にする必要もなく、コロッケの衣も揚げずに油大さじ4程度で作れます！

のココがすごい！

4 野菜もチンなら栄養価そのまま

鍋で下ゆでする場合、水溶性ビタミン、カリウムなど、水に溶けやすい栄養素が一緒に失われてしまうこともありますが、電子レンジはゆでこぼしたりすることがないので、栄養を逃がすことなくおいしく食べることが可能。せっかく同じものを食べるのなら、ぜひ栄養を丸ごと食べてください。

5 調理後もラクラク♪洗いもの最小限

電子レンジ調理では、材料を全部合わせてからチン♪とするものばかりなので、基本的に耐熱ボウルや耐熱皿が1つあればOK。フライパン、鍋などの洗いものがないだけでなく、コンロを使わないので、コンロまわりのお掃除も不要！

6 うまみも逃さず中まで火が通る

「驚くほど時短」のところでも説明したように、電子レンジは食材の水分の振動を使って熱が伝わるため、内側からすばやく火を通すことができます。その水分の振動で野菜の細胞壁がこわれ、甘みやうまみが出やすくなるともいわれているので、電子レンジ蒸しの魅力をぜひ実感してほしいです。

電子レンジのココがすごい！

料理がもっと楽しく簡単に♪
タケムラ流レンチン術

日々多忙を極めているタケムラならではのレンチン術が満載。
1人分から作れるカレー、丸ごとチンするうまみ増しテク、
手抜きに見えないアイデアレシピなど、目からうろこ！なワザが必ず見つかります。

家族分でも1人分でもいける
レシピが満載♪

もともとは、カレーやハンバーグなど、「1人分」ってなかなか作らないな……と思い、考え始めたレシピが多数。家族の食事を作る方、忙しい中でも自炊したいなと考えている一人暮らしの方、どんな方にも作っていただけるレシピになっています。

1人分の玉ねぎ丸ごとカレー

マグカップでシェイクするハンバーグ

ホワイトチョコがとろける

1日寝かせなくてもしっとり

子どもがよろこぶおやつは
マグカップにおまかせ

とろ〜りとろけるフォンダンショコラ、しっとりおいしいフレンチトーストなど、型もテクニックもいらないおやつはお子様とぜひ！

とろ〜りあまみアップ

レンジが大きければ1本のままチンしたい（無理でしょ）

冷凍うどんは
ゆでずにそのままチン

解凍もゆでる手間も不要！うどんは一番下に入れて食材の水分で蒸しゆでにしましょう。

丸ごとチンして
時短＆うまみUP

玉ねぎ、ねぎ、トマトなど、食材を丸ごとチンすることでうまみがギュッと凝縮します！調理の時短にもつながり、見た目も楽しいレシピがたくさん。

汁ものもぜ〜んぶレンチン

献立は、メインもサブも汁ものもぜ〜んぶチン！メインをチンしている間に汁ものは鍋でやった方がはやい？？シーッ！！それは内緒。とにかく汁ものだってレンジで簡単！ほったらかし！！ということ。

> 同じ手順で煮干しだしや昆布だしも作れます

だしもレンジでお手軽

削り節15g、水400mlを電子レンジ（600W）で2分（500Wなら2分20秒）チンするだけ（詳しくはP.136参照）。この本の材料欄に「だし汁」と書いているものは、すべてこのかつおだしを使っています。だしの素を使っているレシピは「顆粒和風だしの素」と表記しています。

> ここでもトマト丸ごと♪

肉→野菜の順に重ねて野菜の水分で蒸して

電子レンジは下から熱が入るので、肉などは野菜でフタをして、野菜の水分で蒸すのがおいしく作るコツ。

> ボリューム満点ポトフ

> さばのみそ煮もレンチンにおまかせ

蒸らし時間がおいしさの秘訣　この時間が自分の自由時間♪

蒸らしながら余熱で火を通すと食材がかたくなりすぎるのを防ぎ、冷めるときに味がしみ込みます。火加減を見る必要はないので、この時間は自由の身♪

冷凍食品は+α食材でお店風にアレンチン♪

冷凍食品を使うときのポイントは、「え？これ冷凍食品なの？」と思わせること。これなら手抜きと思われず、もう立派な一品！

チャーハン ＋ 餅

> 中華ちまきに変身

> 1.2.3チン♪

タケムラ流レンチン術

はじめる前にしっかり読んでください！
レンジの基本と注意点

電子レンジ調理に必要な道具、加熱時間の目安や加熱のときに気をつけたい爆発についてなど、調理前に知っておきたいことを紹介。よく読んでから楽しいレンチンライフをお過ごしください。

電子レンジの種類は2種類

ターンテーブル型

加熱のムラをふせぐには、食材を端（複数ある場合はドーナツ状）におくのがポイント。

真ん中のテーブルがくるくると回るタイプのもの。

フラットテーブル型

テーブルが回らないタイプなので、真ん中に食材をおくタイプのもの。この本では、こちらの電子レンジを使って調理しています。ワット数は600Wです。

耐熱の器を使います

※加熱後はやけどに十分注意してください

耐熱ボウル
この本で使用しているのは、直径21cm（1.5L）のものと25cm（2.5L）のもの。

耐熱皿
この本で使用しているのは、直径25cmのもの。

耐熱容器
軽くて使い勝手がよいので1人分なら耐熱容器で十分。におい移りが気になる方はガラス製がおすすめ。

耐熱性の食器やマグカップ
マグカップオムライス、キッシュやたまごかけごはんなど、加熱後そのまま食卓に出せるものも大活躍。

【使ってはいけない素材】
アルミの器、木製、ホーローの容器、プラスチック容器、メラミン食器、土製の陶器。火花が散る、割れる、溶けるなどの原因になります。

ラップのかけ方

ふんわり
蒸気が逃げる隙間がある状態。

ぴったり
しっかりと蒸らしたい場合はこちらで。逆に水分を飛ばしたい場合は、ラップはかけなくてOK。

フタをななめに
フタつきの耐熱容器は、フタを斜めにずらしてのせるだけ。

加熱時間について

この本で使用している電子レンジは600W

この本で紹介している料理は、すべて600Wの電子レンジで作っています。ご家庭にある電子レンジが500Wの場合はレシピに記載している500Wの加熱時間を参考にしてください。

加熱にムラがあった場合

食材の切り方、大きさによっても変わるため、一度取り出して混ぜる、食材を裏返すなどしてください。

電子レンジによって個性がある

電子レンジは、同じワット数でもメーカーの違い、ターンテーブルか、フラットテーブルか、どのくらい使用しているのかなどで火の通り方が異なります。ご自宅の電子レンジの個性を知り、加熱が足りない場合は30秒ごと追加加熱をしてください。

突沸、爆発、やけどに注意

牛乳、豆乳、水、みそ汁などの飲み物や、カレーやシチューなどのとろみのある液体を温めると、急激に沸騰がおこり中身が飛び散る「突沸」という現象が起こることもあります。加熱のしすぎが原因とも考えられているので、レシピの加熱時間をしっかりと守るようにしてください。
他にも、卵、オクラ、ウインナーソーセージなど、殻や膜、皮があるものは爆発する恐れがあるため、穴をあける、切り目を入れるなどしてから加熱しましょう。
加熱後の器、マグカップの取っ手、ラップを外すときの蒸気でもやけどの恐れがあるので、ミトンなどをしっかりとつけて十分に気をつけてください。
※お子様がやけどをしないよう、十分にご注意ください。

コレは本当に注意して!!

加熱時間早見表

お持ちのものが違う場合は、こちらの表も参考にしてください。500Wなら加熱時間を1.2倍、700Wなら0.85倍、800Wなら0.75倍に。

500W	600W	700W	800W
約30秒	20秒	約20秒	約20秒
約40秒	30秒	約30秒	約20秒
約1分10秒	1分	約50秒	約45秒
約1分50秒	1分30秒	約1分20秒	1分10秒
約2分20秒	2分	約1分40秒	約1分30秒
3分	2分30秒	約2分	1分50秒
約3分40秒	3分	約2分30秒	2分15秒
約4分10秒	3分30秒	3分	約2分40秒
約4分50秒	4分	約3分30秒	3分
約5分20秒	4分30秒	約3分50秒	約3分20秒
6分	5分	約4分20秒	3分45秒
約7分10秒	6分	約5分10秒	4分30秒
約8分20秒	7分	6分	5分15秒
約9分40秒	8分	約6分50秒	6分
約10分50秒	9分	約7分40秒	6分45秒
12分	10分	約8分30秒	7分30秒

この本の表記について

○計量単位は大さじ1＝15ml、小さじ1＝5ml　1カップ＝200mlです。
○「少々」は指2本でつまんだ分量です。
○「だし汁」は削り節でとったかつおだしです。だしの素を使用しているレシピには「顆粒和風だしの素」と表記しています。
○調理の手軽さのために、「だし入りみそ」を使用しているレシピもあります。ない場合は、顆粒和風だしの素の表記にそってみそだしを加えて使用してください。
○基本的に皮をむく野菜に関しては、その工程を省いて説明しています。
○プロセス写真は、読んでいる方が見やすいか、わかりやすいかを考えて撮影しています。「混ぜ合わせる」「ラップをかける」などは、レシピ通りに行ってください。

ほぼ家にあるかスーパーで手に入るものだけ！
使う調味料一覧

この本で使っている調味料を紹介。普段使っていないかも？と思うものは、使い方を紹介しています。どれも身近なものなので、この機会にぜひそろえてみてくださいね。

●基本の調味料

 砂糖   塩   しょうゆ   酢   酒   みりん   だし入りみそ 顆粒和風だしの素

顆粒コンソメスープの素 鶏ガラスープの素 オリーブ油 めんつゆ（2倍濃縮タイプ） こしょう（白こしょう） 黒こしょう あらびき黒こしょう

この本ではこの3つを使い分けています。基本的には好みなのですが、白こしょうはマイルドな刺激、黒こしょうや粗びき黒こしょうなどはそれに比べて鮮烈な刺激があります。粒の大きさが見た目に影響する料理もあるので、例えばクリームシチューなどには、粒子の細かい白こしょうを使うとよいと思います。

●あると便利

	ウスターソース（他：中濃ソース／お好みソース）	サラッと仕上げたいときはウスターソース、濃厚に仕上げたいときは中濃ソース、だしの風味を加えたいときはお好みソースが◎。		グラニュー糖	素材の味を引き出すのがグラニュー糖、コクをプラスしたければ上白糖！ 普通の砂糖よりも混ざりやすいためお菓子向きですが、なければ砂糖でも◎。
	オイスターソース	かきを使ったコクとうまみたっぷりの中華調味料。料理に海鮮のうまみを手軽に加えられるので常備するのがおすすめ！		クミンパウダー	手軽にエスニックな風味付けが出来る万能調味料！ 好きな方はクミンシードでも◎。
	練乳	ポテサラやコロッケに使用。練乳がほどよい甘みの役割をし、しっとりコクが増します。無ければ砂糖＋牛乳各大さじ1、または砂糖大さじ1で代用可。		にんにく、しょうが粒マスタードチューブ	にんにく、しょうがはすりおろす手間がなく簡単！ 粒マスタードは料理のアクセントに！
	ポン酢	しょうゆよりも塩分が控えめで、かんきつ果汁やお酢なども入っているので、味が一発できまります。		カレー粉	お子様の大好きなカレー風味をつけるにはコレが一番！
	焼肉のたれ	調味料を色々と組み合わせる必要がなく、味が一発できまります。		ナツメグ	主には肉や魚の臭み消しですが、野菜の甘みや風味を引き出してくれる効果も！
	豆板醤	四川うまれの、そら豆を使った辛味調味料です。鮮烈な辛さと共にうまみをプラスしてくれるので、麻婆豆腐などの辛い系の中華料理にはおすすめ。		シナモン	お菓子で使うのが一般的ですが、甘辛い香りはどんな料理にも食材にも非常に合わせやすい！
	コチュジャン	辛さと甘さが一体となった韓国の代表的な調味料。料理を韓国風に仕上げたいときにお手軽！		ラー油とかけるラー油	ラー油は辛味が強く、何かにつけて食べる調味料。対して食べるラー油は辛みをおさえて、様々な具材を入れて作られたかけて食べる調味料。
	トマトソース缶	トマトソース缶はすでに味つけがされているものが多いので、味料を足さずに味がきまります。カットトマト缶は調味料などは加えられていないタイプ。生のトマトは傷みやすいので、長期保存が出来るカットトマト缶やホールトマト缶があると便利！		山椒	しびれるような辛みと、香り高い風味で料理が本格的に！

タケムラMEMO　実は調味料マニア！ ちょい足しにおすすめの調味料などはPART1.4.6と、P.130で紹介しているのでぜひチェックしてみてください。

PART 1

レンチンパパ・タケムラ家の人気飯 BEST15

"子どもたちが大喜び" "何度もリクエストの声があがる"
"とにかく簡単" そんな自信のレシピばかりを集めました。
レンチンでこんな料理が作れるの？ と
TVでも反響があったレシピばかりです。

Takemura's ★★★

BEST 1

え、コンビーフ？と思った方に絶対食べてほしい

玉ねぎ丸ごとカレー

調味料マニアのちょい足しのススメ

スリラチャ

野菜の甘みが感じられるうま辛ソースを加えて、さらに深みを！

材料（1人分）

玉ねぎ——1個
にんにく——1かけ
バター——10g
粗びき黒こしょう——少々
水——100ml〜120ml
コンビーフ——1/2缶
カレールー——1かけ
インスタントコーヒー（あれば）
——小さじ1/2
ごはん——150g

作り方

1 にんにくは縦に薄切りにする。玉ねぎは上下を切り落とし、下1cmを残すようにしながら縦8等分に切り目を入れる。玉ねぎの切り目ににんにくをはさみ、バターをのせ、粗びき黒こしょうをふる。耐熱ボウルに入れて軽くラップをかけて電子レンジ（600W）で7分（500Wなら8分20秒）加熱する。

こうするとにんにくが焦げるのを防いでくれます

→ ラップをかけて**7分**

2 玉ねぎがとろとろの状態になったのを確認したら一度取り出し、水、コンビーフを加えてラップをかけ、さらに1分（500Wなら1分10秒）加熱する。

→ ラップをかけて**1分**

インスタントコーヒーがなければ、ウスターソースを小さじ1加えるとコクがUP！

3 再び取り出し、砕いたカレールー、インスタントコーヒーを加えてスプーンなどで混ぜ、ルーが溶けたらさらに3分（500Wなら3分40秒）加熱する。

→ ラップをかけて**3分**

4 器にごはんを盛り、カレーをかける。

タケムラMEMO

作り置きメニューの定番ですが、保存方法を間違えると意外と腐りやすいし、一人暮らしの方には量が……そんな時にピッタリのメニューがコレ！

コンビーフは牛肉の凝縮されたうまみがカレー全体に行き渡るので超おすすめ！何時間も煮込んだような肉のホロホロ感を演出できちゃいます。

バターのコク、玉ねぎのトロトロ食感と甘み……もうとにかく絶品!! ←自画自賛しすぎな

Takemura's ★★★

BEST 2
大量の揚げ油なんてもう要らない！
揚げないコロッケ

調味料マニアのちょい足しのススメ

トリュフソルト
ソースをかけずにトリュフソルトで高級感のある大人の味わいに！

材料（2人分）

- 合いびき肉——100g
- じゃがいも——3個
- パン粉——60g
- オリーブ油——大さじ4〜6
- 玉ねぎ——1/2個
- バター——15g
- A　塩、こしょう——各少々
　　顆粒コンソメスープの素
　　——小さじ2
　　練乳——大さじ1
　　（なければ砂糖大さじ1）

【盛りつけ用】
- ベビーリーフ——適量

タケムラMEMO

これぞ「レンジがあればなんでもできる」の真骨頂。サクサクの揚げ物だってできちゃうんですっ！ヘルシーだし、洗い物も激減するし一石二鳥！

パン粉は1分置きに取り出してシェイクすることで、部分的に焦げてしまうのを防ぎ、オリーブ油も均一に行き渡りますよ。

ただし！上下にシェイクは危険！ラップに高温になったパン粉が当たり、ラップを溶かしてしまいます。私も一度、キッチンにパン粉をぶちまけました……。

作り方

1 耐熱皿にパン粉、オリーブ油を入れ、よく混ぜ合わせる。ラップをかけて電子レンジ（600W）で1分（500Wなら1分10秒）加熱する。取り出して、ボウルを横にふるようにしてパン粉を少しシェイクし、再び1分加熱する。これを3回（計3分）行う。

→ ラップをかけて**1**分を**3**回

2 玉ねぎはみじん切りにし、バターとともに耐熱皿にのせ、ラップをかけて電子レンジで2分（500Wなら2分20秒）加熱する。一度取り出して軽く混ぜ、さらに1分加熱する。

→ ラップをかけて**2**分 ＋ 混ぜて**1**分

3 じゃがいもは洗い、水を含ませて絞ったペーパータオルとラップでそれぞれ包み、電子レンジで9分（500Wなら10分50秒）加熱する。

→ ラップで包んで**9**分

4 じゃがいもを押しつぶし、皮をむき取ってボウルに入れ、スプーンなどでさらにつぶす。

5 ひき肉は耐熱皿に入れて平らにし、ラップをかけて1分加熱する。取り出して混ぜ、さらに1分加熱する。

→ ラップをかけて**1**分 ＋ 混ぜて**1**分

6 ❹に❷、❺、Aを加えて混ぜ合わせ、スプーンでコロッケの形に成形し、❶の衣をまぶして器に盛る。

横にシェイクシェイク
サクサク衣の完成！

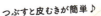

つぶすと皮むきが簡単♪

Takemura's ★★★

BEST 3

かたまり肉を10分チンするだけでホロホロやわらか

コーラで煮込む豚の角煮

調味料マニアのちょい足しのススメ

生七味

生七味の豊かな風味が角煮のおいしさを倍増させちゃう！

材料（2人分）

豚バラかたまり肉——200g
コーラ——300ml
しょうゆ——50ml
ねぎ（青い部分）——1本
しょうがの薄切り——4枚分
【添えるもの】
練りがらし（好みで）——適量

＞ 普通のコーラがおすすめ

作り方

1 豚肉は、フォークで全面に数か所穴をあける。

＞ 穴をあけると味がしっかりしみ込みます

2 耐熱ボウルに、❶の肉、コーラ、しょうゆ、ねぎ、しょうがを入れる。

＞ ねぎ、しょうがは豚肉の臭みをとってくれる♪

3 クッキングシートをのせ、ラップをかけて電子レンジ（600W）で10分（500Wなら12分）加熱する。

`ラップをかけて10分`

＞ クッキングシートが落としぶたに

4 取り出してラップをかけたまま30分以上放置し、蒸らす。味がなじんだら食べやすい大きさに切って器に盛り、好みでからしを添える。

＞ 冷めていくときに味がぐんぐんしみこむので胸を張ってほったらかそう！

タケムラ MEMO

肉をやわらかくする効果はコーラの「炭酸」。コーラ独特の風味がしょうゆと合体すると絶妙な味わいに変化してくれます！

でも、炭酸ならなんでも良いというわけでもなく。サイダーで作った時はおいしくなかったなぁ……どんな味になったか知りたい物好きな方は試してみてくださいませ。

まいたけを入れると酵素のパワーでさらにやわらかく仕上がります。まいたけは酵素パワーのトップ！（洗剤のCMか）

Takemura's

BEST 4

甘みとコクのしっかり味で食べ応え満点

本格レンチンしゅうまい

調味料マニアのちょい足しのススメ

ゆずポン酢

ゆずの香りで食欲増進！何個でもいける！

材料（2人分）

- しゅうまいの皮——10枚程度
- 豚ひき肉——200g
- 玉ねぎ——100g
- A
  - オイスターソース——大さじ1
  - ごま油——大さじ1
  - 片栗粉——大さじ1
  - みりん——小さじ1
  - 鶏ガラスープの素——小さじ1
  - 砂糖——小さじ1
  - しょうがのみじん切り——小さじ1
- レタス——2〜3枚

【添えるもの】
- からし、しょうゆ（好みで）——各適量

作り方

1 玉ねぎはみじん切りにする。ボウルにひき肉、玉ねぎ、Aをすべて加え、粘りが出るまで手でよく練る。

2 しゅうまいの皮は1cm幅の短冊状に切る。

3 別のボウルに❷を適量入れ、❶のタネをスプーンなどで適量入れ（しゅうまい1個分）、ボウルの中で転がす。それを繰り返して10個作る。

子どもと一緒に楽しくボウルをフリフリしてください♪

4 耐熱皿に少量の水（分量外）を入れてレタスを敷き、その上にしゅうまいをくっつかないように等間隔に置く。ラップをかけて電子レンジ（600W）で5分（500Wなら6分）加熱する。

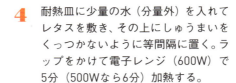
ラップをかけて5分

5 器に盛り、好みでからしじょうゆにつけていただく。

タケムラ MEMO

しゅうまいと皿がくっつかないようにレタスを敷いているので、なければクッキングシートでもOKですよ♪

つけダレはからしじょうゆや酢じょうゆが定番ですが、ウスターソースやマスタードしょうゆもおいしいので試してみてくださいナ！

BEST 5
魚の臭みが消えて風味がアップ！
タケムラ流・さばのみそ煮

レモンオリーブ油
ひとかけで純和風のみそ煮がオシャレに大変身！

材料（2人分）

- さばの切り身——2切れ
- ねぎ——1/2本
- にんにく——2かけ
- A
  - みそ——大さじ2
  - 水——大さじ2
  - 白ワイン——大さじ1
  - みりん——小さじ1
  - しょうゆ——小さじ1/2
  - 砂糖——小さじ1

作り方

1 さばはさっと水で洗い、ペーパータオルで水気をふき取る。全体に塩（分量外）をまぶし、10〜15分ほど置く。水分が出てきたらさらに水気をふき取る。

魚の臭みが取れます！

2 ねぎは1cm幅の斜め切り、にんにくは薄切り、Aはすべて混ぜ合わせておく。

3 耐熱皿にさばを並べ入れ、Aをまんべんなくかける。上にねぎを並べ、にんにくを全体に散らす。ラップをかけて電子レンジ（600Wで）2分（500Wなら2分20秒）加熱する。

ラップをかけて**2**分

4 一度取り出して全体に煮汁をかけたら、再びラップをして電子レンジで2分加熱する。

ラップをかけて**2**分

5 取り出してラップをかけたまま5分ほど放置し、蒸らす。味がなじんだら器に盛る。

タケムラMEMO

とうがらしを加えるのもおすすめ！ パンチの効いたさばみその新境地が拓けます。（大袈裟）

「タケムラ流とか必要ないから」という人は白ワインを酒に、にんにくをしょうがに替えて、定番のさばみそをお楽しみください。

BEST 6

Takemura's

手をまったく汚さずに楽しく作れる！
マグカップハンバーグ

生胡椒
肉のうまみを引き出す魔法のような調味料！

調味料マニアのおすすめ

材料（1人分）

合いびき肉──80g
玉ねぎ──1/8個
A｜ウスターソース──大さじ1
　｜トマトケチャップ──大さじ1
B｜パン粉──大さじ1
　｜マヨネーズ──小さじ1
　｜ナツメグ──少々
　｜塩、黒こしょう──各少々
小麦粉──小さじ1
【盛りつけ用】
ベビーリーフ、ミニトマト
──各適量

作り方

1　玉ねぎはみじん切りにする。Aは混ぜ合わせておく。

2　耐熱のマグカップにひき肉、❶の玉ねぎ、Bを入れ、スプーンなどで材料が均一になるまで混ぜ合わせる。

3　❷に小麦粉をふり、ラップをかけてマグカップを上下左右にシェイクし、成形する。

バーテンダーのように力強く！
ラップを離さないように！

4　一度ラップをあけ、Aのソースを肉全体にかける。

5　再びラップをかけて電子レンジ（600W）で3分30秒（500Wなら4分10秒）加熱する。

ラップをかけて3分30秒

やけどに注意
ミトン使ってちょ

6　マグカップから取り出して器に盛る。

タケムラ MEMO

マグカップシェイクがとにかく楽しい！ お手伝い嫌いのお子さんも楽しく料理に参加してくれること間違いなし！

マグカップは耐熱性のものを使ってください。取っ手の部分は熱くなっているので必ずミトンなどを着用して取り出すこと。

Takemura's

BEST 7
なす、春雨、豆腐ぜ～んぶ集合！
麻婆オールスターズ

調味料マニアのちょい足しのススメ
山椒のラー油
麻辣味で本格
四川風麻婆に！

材料（2人分）

豚ひき肉——100g
なす——1本
絹ごし豆腐——1/2丁
春雨——20g
しょうが——1かけ分
にんにく——1枚分
ねぎ——1/2本
A｜水——200ml
　｜酒——大さじ1
　｜しょうゆ——大さじ1
　｜片栗粉——大さじ1
　｜みそ——大さじ1/2
　｜オイスターソース
　｜——大さじ1/2
　｜ごま油——大さじ1/2
　｜鶏ガラスープの素——小さじ1
　｜砂糖——小さじ1
　｜豆板醤——小さじ1

【盛りつけ用】
とうがらしの輪切り——適量

タケムラMEMO

今回は三大麻婆を一気に味わえるオールスターズにしてみました。麻婆ソースは色々なものに合うので、色んな「麻婆〇〇」にトライしてみてください！麻婆厚揚げ、麻婆モッツァレラ、麻婆じゃがいも……、麻婆ショートケーキ←ウソ

当然ですが必ずしも全部入れなくてもOKですからね。なすだけでも、春雨だけでも、豆腐だけでもちゃんとおいしく作れます！

作り方

1 しょうが、にんにく、ねぎはみじん切りにする。

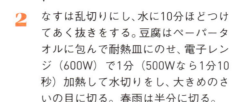

2 なすは乱切りにし、水に10分ほどつけてあく抜きをする。豆腐はペーパータオルに包んで耐熱皿にのせ、電子レンジ（600W）で1分（500Wなら1分10秒）加熱して水切りをし、大きめのさいの目に切る。春雨は半分に切る。

> ペーパータオルに包んで**1**分
> 豆腐の水切り方法はP.108をチェック

3 ボウルにA、**1**を合わせてよく混ぜ、ひき肉を入れてさらに混ぜる。

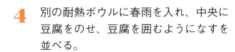 

4 別の耐熱ボウルに春雨を入れ、中央に豆腐をのせ、豆腐を囲むようになすを並べる。

5 **4**に**3**の麻婆ソースを回しかけ、ふんわりとラップをかけて電子レンジで3分（500Wなら3分40秒）加熱する。

> ふんわりとラップをかけて**3**分

6 一度取り出して豆腐を崩さないように全体を混ぜ、さらに3分加熱する。

> ラップをかけて**3**分

7 取り出してラップをかけたまま1〜2分放置し、蒸らす。全体をよく混ぜてから器に盛り、好みで輪切りのとうがらしをのせる。

Takemura's ★★★★★

BEST 8

もっちり濃厚！もうフライパンいらないかも！

カンタン・ナポリタン

調味料マニアのちょい足しのススメ

スリラチャ

ケチャップ＋スリラチャ＝ケチャラチャは万能!!

材料（1人分）

- スパゲッティ──80g
- 薄切りベーコン──2枚
- 玉ねぎ──1/4個
- ピーマン──1/2個
- しめじ──1/4袋程度
- にんにく──1かけ
- **A**
  - 水──200ml
  - オリーブ油──大さじ1
  - 塩──少々
  - トマトケチャップ──大さじ3
  - ウスターソース──小さじ1
  - 砂糖──小さじ1
  - 顆粒コンソメスープの素──小さじ1/4
- バター──5g程度

【盛りつけ用】
- 粉チーズ（好みで）──大さじ1/2
- 乾燥パセリ（好みで）──少量

タケムラ MEMO

最後のバターが味の決め手！入れるか入れないかで大きな差が出ます。そう、コクが全然違うのです。

今回は薄切りベーコンを使いましたが、ブロックベーコンがゴロゴロッと入ったナポリタンも絶品！

作り方

1 ベーコンは1cm幅に切る。玉ねぎは薄切り、ピーマンはヘタと種を取って縦に5mm幅に切る。しめじは石づきを取って小房に分ける。にんにくは縦に薄切りにする。

2 耐熱ボウルにAを入れてよく混ぜ、半分に折ったスパゲッティ、❶を入れる。

ポキッと半分に♪

3 ❷にふんわりとラップをかけ、電子レンジ（600W）でスパゲッティの袋に記載されているゆで時間よりも3分（500Wなら3分40秒）多く加熱する。

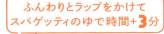
ふんわりとラップをかけて
スパゲッティのゆで時間+**3**分

4 取り出して全体をよく混ぜ、今度はラップをかけずに2分（500Wなら2分20秒）加熱して水分を飛ばす。

ラップはかけずに**2**分

5 ❹を混ぜ、水分が飛んでいるのを確認したら（飛んでいなければ30秒単位で追加加熱）、バターを加えてよく混ぜる。

湯切りも不要!!

6 器に盛り、好みで粉チーズとパセリをふる。

BEST 9

特別な器もワザも必要なし！
カマンベールチーズフォンデュ

調味料マニアのちょい足しのススメ

めんたいマヨ

クリーミーさと明太子の風味でワンランクアップ！

材料（2人分）

カマンベールチーズ──1個
ブロッコリー──1/4房
にんじん──1/3本
じゃがいも──1/2個
厚切りベーコン──100g
ウインナーソーセージ──2本
牛乳──小さじ1
白ワイン（なくてもOK）──小さじ1

作り方

1 ブロッコリーは小房に分ける。にんじん、じゃがいも、ベーコンは食べやすい大きさに切り、ソーセージは切り目を入れる。

> ソーセージは破裂しないように切り目を入れて

2 にんじん、じゃがいもは耐熱ボウルに入れ、ふんわりとラップをかけて電子レンジ（600W）で3分（500Wなら3分40秒）加熱する。

> ふんわりとラップをかけて **3分**

3 同様にブロッコリーは1分（500Wなら1分10秒）、ソーセージとベーコンは30秒（500Wなら40秒）加熱する。

> ラップをかけてそれぞれ **1分** と **30秒**

4 カマンベールチーズの上部に包丁で丸く切り込みを入れて耐熱皿にのせ、ラップはかけずに軽く40秒（500Wなら50秒）加熱する。

> ラップはかけずに **40秒**

5 一度取り出してチーズの上部をはがし、白ワイン、牛乳をかける。スプーンなどでかき混ぜ、様子を見ながらさらに30秒ほど加熱する。

> ラップはかけずに **30秒**

6 トロトロの状態が確認できたら取り出し、ディップする食材とともに器に盛る。

> ペロンッ♪
> はがしたチーズ上部もおいしいからつまみ食いしちゃおう!

タケムラ MEMO

フォンデュする材料はなんでもOK！ パン、ヤングコーンなどなど。タケムラ的には冷凍食品のお弁当ハンバーグなんかもおすすめです！

白ワインは風味を、牛乳はよりクリーミーにするために入れていますが、入れなくてもトロトロのフォンデュ感はしっかり出ます！ ただ、入れない場合でも途中で一度混ぜるのは忘れずに。

Takemura's ベスト

BEST 10
レンチンなら肉や野菜の火の通り具合も完璧！
簡単プルコギ

調味料マニアのちょい足しのススメ

ねぎ油

アツアツご飯に
プルコギ＆ねぎ
油！ 説明不要
のおいしさ！

材料（2人分）

- 牛こま切れ肉──150g
- にら──1/2束
- ピーマン──1個
- 玉ねぎ──1/4個
- にんじん──1/2本
- **A**
  - ウスターソース──大さじ2
  - コチュジャン──大さじ2
  - オイスターソース──大さじ1
  - ごま油──大さじ1
  - 砂糖──大さじ1
  - 酒──大さじ1
  - にんにくチューブ──1cm程度
- 【盛りつけ用】
- 白いりごま──大さじ1

タケムラMEMO

このプルコギに限らず、肉を加熱する時は「何度か取り出して混ぜ、加熱状態を確認する」この一手間が非常に大切！

赤身肉は特に固くなりやすいので、少し脂がのっているものを使用するのがおすすめです。

作り方

1 にらは5cm長さに切る。にんじんは4〜5cm長さの細切り、玉ねぎは薄めのくし形切り、ピーマンはヘタと種を取って縦5mm幅の薄切りにする。牛肉はほぐしておく。

2 耐熱ボウルにAを入れ、混ぜ合わせたら、❶を加えてよく混ぜる。

3 ラップをかけて常温に15分ほど置き、味をなじませる。電子レンジ（600W）で4分（500Wなら4分50秒）加熱する。

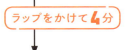
ラップをかけて**4**分

4 一度取り出してかき混ぜ、さらに3分（500Wなら3分40秒）加熱して混ぜ、肉に完全に火が通ればOK（赤い場合は30秒単位で追加加熱）。

ラップをかけて**3**分

取り出して混ぜ混ぜが大事！

5 器に盛り、白いりごまをたっぷりかける。

BEST 11

Takemura's

25分かかる!? でもほとんど自由の身！
具だくさんポトフ

調味料マニアのちょい足しのススメ

生胡椒

数粒かけるだけで、味全体をしっかりまとめてくれる！

材料（4人分）

- キャベツ——1/4個
- にんじん——1/2本
- じゃがいも——1個
- セロリ——1/2本
- 玉ねぎ——1個
- ブロッコリー——1/4株
- しめじ——1/4袋
- にんにく——1かけ
- 厚切りベーコン——100g
- ウインナーソーセージ——4本
- A
  - 水——600ml
  - 白ワイン——100ml
  - （なければ酒でもOK）
  - 顆粒コンソメスープの素——小さじ2
  - 塩、粗びき黒こしょう——各少々

【添えるもの】
- バター——20g
- 粒マスタード——適量

タケムラMEMO

マスタードにサワークリームを混ぜて添えてあげるとさらに本格的に！

全体の味をなじませる10分が惜しい！ という人は15分加熱後に200W（もしくは解凍モード）で3〜5分加熱してください！

作り方

1 キャベツは1/4個のまま、にんじん、じゃがいも、セロリは乱切り、玉ねぎは1.5cm幅のくし形切りにする。ブロッコリーは小房に分け、しめじは石づきを切り落として小房に分ける。にんにくは薄切りにする。

ゴロゴロ具だくさん♪

2 ベーコンは一口大に切る。ソーセージは数か所に切り目を入れておく。

ソーセージは破裂しないように切り目を入れて

3 耐熱ボウルに❶、❷、Aを入れ、軽く混ぜてすべての材料が水に浸った状態になったらふんわりとラップをかけて電子レンジ（600W）で15分（500Wなら18分）加熱する。

煮崩れるのが好きな人は、+5分加熱しても

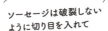
ふんわりラップをかけて**15**分

4 取り出してラップをかけたまま10分ほど放置し、蒸らす。味がなじんだら器に盛り、バターをのせ、粒マスタードを添える。

BEST 12

さっぱりトマトとチーズのコクが絶妙

イタリアン焼UDON

調味料マニアのちょい足しのススメ

にくしょう

スモーキーな風味が抜群に合う!

材料（1人分）

冷凍うどん──1玉
トマト──1/2個
キャベツ──100g
薄切りベーコン──1枚
A｜めんつゆ（二倍濃縮タイプ）
　｜──大さじ1
　｜塩、黒こしょう──各少々
EXバージンオリーブ油
　──小さじ1程度（量はお好みで）
粉チーズ──大さじ1

作り方

1 トマトはくし形切り、キャベツはざく切り、ベーコンは1cm幅に切る。

2 耐熱ボウルに冷凍うどんを入れ、❶をすべてのせ、ふんわりラップをかけて電子レンジ（600W）で4分（500Wなら4分50秒）加熱する。

野菜から出る水分だけでOK!

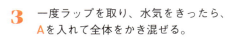

ふんわりラップをかけて**4**分

3 一度ラップを取り、水気をきったら、Aを入れて全体をかき混ぜる。

4 オリーブ油、粉チーズをかけて全体になじませ、器に盛る。

タケムラMEMO

冷凍うどんは本当に便利！そしてなによりおいしい！我が家の冷凍庫にコレがない日はないのであります。（ないのかあるのかどっちだ）

うどんだけを解凍する時は一度、水にくぐらせてからレンチンするとモチモチに仕上がりますよ♪

めんつゆをウスターソースに替えればソース味の焼きうどんになります！（当たり前）

BEST 13

めんつゆを使えば味つけもすぐキマる♪
マグカップで本格親子丼

調味料マニアのちょい足しのススメ

生七味

老舗の親子丼かよっ！って心のなかで突っ込んじゃって！

材料（1人分）

鶏もも肉——50g
玉ねぎ——1/8個
A｜めんつゆ（二倍濃縮タイプ）
　｜——大さじ2
　｜水——大さじ2
卵——1個
ごはん——丼1杯分
【盛りつけ用】
三つ葉——適量

作り方

1 鶏肉は小さく切る。玉ねぎは縦に薄切りにする。

↓

2 耐熱のマグカップにAを入れ、❶を加えて軽く混ぜ合わせ、ラップはかけずに電子レンジ（600W）で2分（500Wなら2分20秒）加熱する。

肉はしっかりとめんつゆに浸かるように！

ラップはかけずに**2**分

↓

3 一度取り出して、溶き卵を加え、さらに30秒（500Wなら40秒）加熱する。

やけどに注意
ミトン使ってちょ

ラップはかけずに**30**秒

↓

4 丼にごはんを盛り、❸をかける。

このぐらいの
半熟具合でOK！

タケムラMEMO

溶き卵を加えた後の加熱時間はお好みで調整して下さい。トロトロに仕上げたい人は30秒、フワフワに仕上げたい人は45秒、昔のコンビニ弁当のようなガッツリ火の通ったハード仕上げにしたい人は1分……という感じで！

親子鍋（持ち手が上向いてるやつ）がご家庭に無いという方はたくさんおられるでしょうし、正直、そっちで作るより格段に楽ですからっ！

PART 1

レンチンパパタケムラ家の人気飯BEST15

Takemura's

BEST 14

こんなに簡単に絶品とろふわスイーツが!?
超時短！フォンダンショコラ

材料（マグカップ4個分）

ホットケーキミックス──100g
ココアパウダー（純ココア）
──大さじ2
卵──1個
バター──20g
水──50ml
ホワイトチョコ（またはチョコ）
──4かけ
【盛りつけ用】
粉糖──少々

作り方

1 ボウルにホットケーキミックス、ココアを入れて泡だて器で混ぜる。

2 別のボウルに卵を溶きほぐす。バターは電子レンジ（600W）で10秒（500Wも約10秒）加熱して溶かす。

 ラップはかけずに**10**秒

3 ❶に❷、水を入れてゴムベラなどで均一になるまでよく混ぜ合わせる。

ココが一番の山場。コレさえ乗り切ればあとは超楽チーン！

4 小さめの耐熱マグカップに❸を1/4量（約50g）ずつ注ぎ入れる（その際ホワイトチョコをおおう分は少し残しておく）。テーブルなどでカップの底をトントンと叩いて表面を均一にならす。

1個ずつ加熱して

5 中央部分にチョコレートを刺し込み、残しておいた生地をかけておおう。ラップはかけずに電子レンジ（600W）で30秒（500Wなら40秒）加熱する。

 ラップはかけずに**30**秒

6 取り出して、粉糖をふりかけて早めにいただく。

タケムラMEMO

電子レンジによって加熱時間は異なるので、足りない場合は10秒ずつ足して加熱をしてくださいナ。

生地の量は、トータルでカップの1/3程度におさえるのがポイント。ただ、このレシピ（4個分）を2個分にすることは可能で、加熱時間を1分（500Wなら1分10秒）にしてください。

中に入れるチョコレートをビターや洋酒入りなどに替えるだけで違った味が楽しめちゃいますよ♪

Takemura's

BEST 15

おうちで簡単カフェ風おやつ♪
焼きりんご

材料（2人分）

- りんご——1個
- バター——20g
- グラニュー糖（なければ砂糖）——大さじ2
- バニラアイス——適量
- A
  - メープルシロップ——大さじ1
  - シナモン——適量
  - フルーツグラノーラ——大さじ2

【盛りつけ用】
- ミントの葉——少々

作り方

1 りんごは皮つきのまま8等分に切り、芯とヘタの部分を取る。バターは8等分にする。

2 耐熱皿にりんごを等間隔に並べ、バターをりんごの上に置く。

インスタ映え!!（そうか?）

3 ❷にグラニュー糖を全体にまんべんなくまぶし、ふんわりとラップをかけて電子レンジ（600W）で7分（500Wなら8分20秒）加熱する。

ふんわりラップをかけて**7**分

4 器に盛ってバニラアイスをのせ、好みでAをかける。

タケムラMEMO

フルーツグラノーラは焼いていない焼きりんごに香ばしさをプラスしてくれるワンポイントアイテム！

冷凍りんごを使うのもおすすめ！ りんごは冷凍することで繊維が破壊されるので、加熱時間を5分に短縮できる上に、よりジューシーな焼きりんごに。コレは友人の冷凍王子（西川剛史さん）に教えてもらいました！

Ren-chin Papa Takemura

PART 2

汁ものだって ぜ〜んぶレンチン！ パパっと献立

メインおかず、サブおかず、汁ものすべてがレンチンで作れる
1週間献立レシピ。肉、魚などのバランスや、
食材を無駄なく使いきれるかなども考えてレシピを考案。
翌朝のお弁当のことも考えた主婦の強い味方です！

1日目 「野菜のうまみしみしみ」献立

P.48

鶏肉のトマト煮込み
えのきのパスタサラダ
納豆カレースープ

↑ほぼ同じ食材で
チーズタッカルビ

↑お弁当用に
酢鶏

2日目 「定番にしたい和食」献立

P.50

レンチン肉じゃが
タケムラ流・無限ピーマン
山盛りきのこ汁

↑ほぼ同じ食材で
ビーフシチュー

↑お弁当用に
肉じゃがコロッケ

3日目 「忙しくても手抜きにならない！ワザあり」献立

P.52

キャベツとさば缶のレンジ蒸し
ほわっほわ納豆
おろし豚汁

↑ほぼ同じ食材で
バインミー

4日目 「マンネリ脱出！進化版」献立

P.54

焼かない豚のしょうが焼き
エスニックポテサラ
SMMS（さけとミルクのみそスープ）

↑お弁当用
チャーハンに

↑ほぼ同じ食材で
ポークチャップ

⑤日目 「ごはんに合うほっこり」献立

P.56

↑お弁当用に
さけフレーク

さけさけ蒸し
牛のしぐれ煮
じゃがバタみそ汁

↑お弁当用に
牛卵とじ

⑥日目 「疲れたときのラクちん」献立

P.58

豚しゃぶおろしポン酢パスタ
サバーニャカウダ
ガーリックコンソメスープ

⑦日目 「週のラストのりきり」献立

P.60

↑お弁当用に
鶏のちらし寿司

ゴロゴロ鶏の混ぜごはん
キャベツの温サラダ
ふわふわ卵のお吸い物

POINT 1
肉も魚もバランスよく食べられるような献立に

POINT 2
食材を使い切るため、同じ食材を
使いまわせるような献立を提案

POINT 3
夕飯をお弁当に詰めるのは味気ない……
という方のために、
少し味かえをしたお弁当用レシピを提案

POINT 4
食材が余ってしまったー！という方のために、
献立とほぼ同じ食材で全く違う1品を作るという
レシピを紹介。料理のバリエーションも広がります

① 「野菜のうまみしみしみ」献立

POINT
えのきはゆでずに余熱で
火を通すだけなので簡単

POINT
とろ～りさせたければ、納豆の
粘り気を取らずに投入してもOK

POINT
EXバージンオリーブ油を
かけて食べるのもおいしい♪

メイン　無水で野菜のうまみ凝縮！　鶏肉のトマト煮込み

材料（2人分）

- 鶏もも肉——200g
- トマト——1個
- 玉ねぎ——1/2個
- ピーマン——1個
- 黄パプリカ——1/2個
- ズッキーニ——1/2本
- にんにく——1かけ
- A
  - 酒——大さじ1
  - 塩、黒こしょう——各少々
- 小麦粉——大さじ1
- B
  - トマトケチャップ——大さじ3
  - ウスターソース——小さじ1
  - 砂糖——小さじ1
  - 顆粒コンソメスープの素——小さじ1/2
- [盛りつけ用]
- 乾燥パセリ（あれば）——少々

作り方

1. 鶏肉は一口大に切る。トマトはヘタを取って十字に切り込みを入れる。玉ねぎは4等分のくし形切り、ピーマン、パプリカはヘタと種を取って縦に8等分に切る。ズッキーニは1cm厚さの半月切り、にんにくはみじん切りにする。
2. ポリ袋に鶏肉、Aを入れてよくもみ込み、小麦粉を入れてさらにもむ。
3. 耐熱ボウルに❷、❶の野菜、Bを順に入れ、ふんわりとラップをかけて電子レンジ（600W）で6分（500Wなら7分10秒）加熱する。
4. 一度、取り出してトマトをつぶすようにして全体をよく混ぜたら、再びふんわりラップをかけて4分（500Wなら4分50秒）加熱。
5. 取り出してラップをかけたまま数分放置し、余熱でしっかりと火を通す。器に盛り、あればパセリを散らす。

タケムラMEMO　肉、野菜の順に重ねるのがポイント。野菜の水分でじっくりと蒸され、うまみたっぷりの一皿に。

サブ　きのことハムのうまみが広がる　えのきのパスタサラダ

材料（2人分）

- えのきだけ——1/2袋
- サラダ用スパゲッティ（なければ普通のスパゲッティでも）——50g
- ハム——2枚
- きゅうり——1/3本
- A
  - マヨネーズ——大さじ2
  - ごま油——小さじ1/2
  - 塩——少々
  - 粗びき黒こしょう——適量
- [盛りつけ用]
- 乾燥パセリ（あれば）——少量

作り方

（きのこの下の部分ね）

1. えのきは石づきを切り落として手でほぐす。ハム、きゅうりは細切りにする。
2. 耐熱ボウルにスパゲッティを入れ、ひたひたより少し多めになるくらいの水（分量外）を加える。ラップはかけずに、電子レンジ（600W）で袋に記載されているゆで時間よりも2分（500Wなら2分20秒）多く加熱する。3分経過したくらいで一度取り出して、全体を混ぜる。
3. 加熱が終わったら取り出し、えのきを加えて1分ほどおき、余熱で火を通す。
4. 湯を切り、あら熱が取れたらラップをかけて冷蔵庫でよく冷やす。ハム、きゅうり、Aを加えてまんべんなくあえる。器に盛り、あればパセリを散らす。

汁もの　意外なほどに好相性！　納豆カレースープ

材料（2人分）

- 小粒納豆——1パック
- じゃがいも——1/2個
- にんじん——1/3本
- オクラ——1本
- 水——400ml
- 顆粒コンソメスープの素——大さじ1
- カレー粉——小さじ1/2
- しょうゆ——小さじ1

作り方

1. 納豆はザルに入れ、水洗いをして粘り気を取る。じゃがいも、にんじんは5mm角のさいの目に切る。オクラは2mm幅の小口切りにする。
2. 耐熱ボウルに全ての材料を入れてよくかき混ぜ、ラップをかけて電子レンジ（600W）で6分（500Wなら4分50秒）加熱し、器に注ぐ。

②日目 「定番にしたい和食」献立

POINT
かば焼きのタレを入れて
加熱してしまうと、野菜から余分な
水分がでる原因になってしまうので
後がけを推奨！

POINT
電子レンジを使った油揚げの
油抜きの方法はP.110でも
詳しく紹介しています。

POINT
時間があるときは、加熱後、
室温において冷ますのもおすすめ。
味が具材全体にしみ込み、
よりおいしくなりますよ！

メイン ホクホク煮ものも10分で完成！ # レンチン肉じゃが

材料（2人分）

牛こま切れ肉──100g
じゃがいも──2個
にんじん──1/2本
玉ねぎ──1/2個
酒──大さじ2
小麦粉──小さじ1
しょうゆ──大さじ2
　水──大さじ1
　みりん──大さじ1
　砂糖──大さじ1
　ごま油──小さじ1
　オイスターソース──小さじ1/2

作り方

1 牛肉は食べやすい大きさに切る。じゃがいも、にんじんは乱切り、玉ねぎはやや細めのくし形に切る。

2 牛肉、酒をポリ袋に入れてもみ込み、小麦粉を加えて肉全体に行き渡るようにさらにもみ込む。

3 耐熱ボウルに❶の野菜、❷、Aを入れ、肉が調味液にすべて浸るように軽く混ぜ合わせる。

4 ふんわりとラップをかけ、電子レンジ（600W）で10分（500Wなら12分）加熱する（途中、一度取り出してかき混ぜると全体の味が均一化され、肉の加熱ムラも防げる）。

5 取り出して器に盛る。

タケムラMEMO

加熱途中でのかき混ぜの回数が少なければじゃがいもが煮崩れずにサラッとした肉じゃがに。逆にかき混ぜる回数を増やせばじゃがいもが煮崩れ、もってりとした肉じゃがになります！私は断然もってり派！

サブ うまいうまい！箸が止まらない！ # タケムラ流・無限ピーマン

材料（2人分）

ピーマン──3個
にんにく──1かけ
サンマのかば焼き（缶詰）──1缶
ごま油──大さじ1
塩、こしょう──各少々
白いりごま──少々

作り方

1 ピーマンはヘタと種を取って縦に5mm幅の細切り、にんにくはみじん切りにする。サンマのかば焼きは、タレは捨てずに取りおき、身はフォークなどでつぶしてフレーク状にする。

2 耐熱皿に❶のタレ以外を入れて軽く混ぜ、ラップをかけて電子レンジ（600W）で2分（500Wなら2分20秒）加熱する。

3 取り出してごま油、塩、こしょう、タレを加えて軽くあえる。

4 器に盛り、白いりごまをかける。

汁もの まいたけと油揚げでうまみたっぷり # 山盛りきのこ汁

材料（2人分）

まいたけ──1/2株
水──400ml
油揚げ──1枚
だし入りみそ──大さじ1
小ねぎの小口切り──適量

作り方

1 まいたけは手でちぎって耐熱ボウルに入れる。水を加え、電子レンジ（600W）で6分（500Wなら7分10秒）程度加熱する。

2 油揚げはペーパータオルにのせ、電子レンジで20秒（500Wなら30秒）加熱する。上からペーパータオルで押さえつけるようにして油抜きをし、短冊切りにする。

3 ❶のボウルに❷、みそを溶き入れる。器に盛り、ねぎを散らす。

タケムラMEMO

まいたけは冷凍するとよりだしが出るそうなので、時間がある方はぜひ冷凍してみてください。友人の冷凍王子に教えてもらいました！

③ 日目 「忙しくても手抜きにならない！ワザあり」献立

POINT
大根は風味を残すために
あとから加えるのがポイント

POINT
納豆を温納すると
豆がやわらかくなり、
ほわっほわの食感に

POINT
さば缶は缶汁にも
うまみがたっぷりなので
迷わず投入しましょう

メイン ごま油の風味とにんにくが味を引き立てる **キャベツとさば缶のレンジ蒸し**

材料（2人分）

キャベツ——4～5枚程度
さば水煮（缶詰）——1缶
にんにく——1かけ
A ┌ **オイスターソース**——小さじ1
├ **ごま油**——小さじ1
├ **赤とうがらしの輪切り**——適量
└ **塩**——少々

作り方

1 キャベツは大きめのざく切りにする。さばは崩し過ぎないように軽くほぐし、缶汁も捨てずに取っておく。にんにくはみじん切りにする。

2 耐熱ボウルにキャベツ、さばを缶汁ごと重ねるように入れ、にんにく、**A**を加える。きっちりラップをかけて電子レンジ（600W）で4分（500Wなら4分50秒）加熱する。

3 取り出してさばが崩れないように軽く混ぜ、器に盛る。

タケムラ MEMO
写真に写っていませんが、赤とうがらし入りなんです…。子どもと食べるときは、入れずに作りましょう。魚の臭みが気になる方はにんにくの量を増やしてみてください。

サブ 加熱した納豆は驚きの食感に！ **ほわっほわ納豆**

材料（2人分）

納豆——2パック
揚げ玉——大さじ2
青のり——適量

作り方

1 納豆は1パックずつ耐熱の器にそれぞれあけ、付属のタレを入れて軽く混ぜ合わせる。

2 ラップでしっかりと密閉し、1個につき電子レンジ（600W）で20秒（500Wなら30秒）加熱する。

3 揚げ玉を大さじ1ずつ加え、粘りが出るまでよく混ぜ、青のりをかける。

タケムラ MEMO
もちろん好みなんですが、炊きたてのほかほかごはんに冷たい納豆……というのに抵抗ある方っていません？ そんな方にこそおすすめの食べ方です！

汁もの 大根おろしでさっぱり **おろし豚汁**

大根おろしが辛かったら600Wで20秒程度加熱してあげると辛みがやわらぎますよ♪

材料（2人分）

豚バラ薄切り肉——100g
大根おろし——大さじ2
じゃがいも——1個
にんじん——1/3本
水——400ml
だし入りみそ——大さじ1
ごま油——小さじ1
小ねぎの小口切り——適量

作り方

1 豚肉は食べやすい大きさに切る。じゃがいもはやや小さめの乱切り、にんじんは3mm幅のいちょう切りにする。

2 耐熱ボウルに❶、水を入れ、ふんわりとラップをかけて電子レンジ（600W）で6分（500Wなら7分10秒）加熱する。

3 一度取り出し、大根おろしを加えてかき混ぜ、さらに2分（500Wなら2分20秒）加熱する。

4 ❸にみそを溶き入れてごま油を加える。器に盛り、ねぎを散らす。

④日目 「マンネリ脱出！進化版」献立

POINT
クミンはじゃがいもとの相性抜群！少し多いかな？というくらい入れてもOK！

POINT
さけの皮が好きな方は皮つきのままどうぞ

POINT
添えているカレーマヨは味かえ用。さらにごはんが進みます。

メイン カレーマヨを添えて味かえできる！ # 焼かない豚のしょうが焼き

材料（2人分）

豚バラ薄切り肉——140g
玉ねぎ——1/2個
しょうがの薄切り——3枚
小麦粉——小さじ2
ウスターソース——大さじ1
めんつゆ（二倍濃縮タイプ）——50ml
【盛りつけ用】
マヨネーズ——大さじ1〜2
カレー粉——小さじ1/3程度
キャベツ——2枚
トマト、きゅうり——適量

作り方

1 豚肉は食べやすい大きさに切る。玉ねぎは5mm幅のくし形切り、しょうがはみじん切りにする。

2 耐熱ボウルに小麦粉小さじ1をふり入れ、豚肉を一枚ずつ入れる。肉の上からさらに小麦粉を小さじ1ふり、軽くラップをかけて容器を左右に振りながら肉に小麦粉をまんべんなくまぶす。

3 ②に玉ねぎ、しょうが、ウスターソースを入れて軽く混ぜ合わせ、めんつゆを加えてさらに混ぜる。ラップはかけずに電子レンジ（600W）で4分（500Wなら4分50秒）加熱。2分経過したタイミングで一度取り出し、混ぜ合わせる。

4 せん切りのキャベツ、くし形切りのトマト、薄切りのきゅうりとともに器に盛り、マヨネーズとカレー粉を混ぜ合わせて添える。

サブ クミンの風味と甘みがマッチ！ # エスニックポテサラ

材料（2人分）

じゃがいも——3個
きゅうり——1/2本
ハム——2枚
A｜マヨネーズ——大さじ2
　｜粒マスタード——大さじ1
　｜塩、黒こしょう——各適量
　｜練乳——小さじ1（なければ砂糖少々）
　｜クミンパウダー——適量

作り方

1 じゃがいもは皮つきのまま、水を含ませて絞ったペーパータオルとラップでそれぞれ包む。耐熱皿にのせ、電子レンジ（600W）で8〜9分（500Wなら9分40秒〜10分50秒）加熱する。途中、加熱ムラを防ぐために、上下をひっくり返す。

2 きゅうりは5mm幅の輪切り、ハムは半分にしてから1cm幅の短冊に切る。

3 耐熱ボウルにじゃがいもを入れ、ラップの上から手で軽くつぶして皮を取り除く。じゃがいものあら熱が取れたらAを加え、スプーンやマッシャーでじゃがいもをつぶすように混ぜ合わせる。

4 冷蔵室でよく冷やしてから②を加え、全体を混ぜ合わせる。

タケムラ MEMO

練乳がポテサラに程よい甘みを加える役目を果たしてますが、お家にないという方は少し砂糖を加えるだけでも十分においしくなりますよ！

汁もの 牛乳にみそのコクがプラスされてほっこり # SMMS（さけとミルクのみそスープ）

材料（2人分）

さけ——1切れ
玉ねぎ——1/2個
しょうがの薄切り——2枚
牛乳——300ml
だし入りみそ——大さじ1
粗びき黒こしょう——少々

作り方

1 さけはさっと洗い、ペーパータオルで水気をふき取る。塩（分量外）を全体にまぶして10〜15分ほどおき、出てきた水分をふき取って一口大に切る。

2 玉ねぎは薄切り、しょうがはせん切りにする。

3 耐熱皿に①、玉ねぎをのせ、ラップをかけて電子レンジ（600W）で2分30秒（500Wなら3分）加熱する。取り出してさけは皮を取り除く。

4 耐熱ボウルに、③、しょうが、牛乳を入れ、ラップはかけずに電子レンジで3分（500Wなら3分40秒）加熱する（牛乳は吹きこぼれやすいので、加熱には要注意）。

5 取り出してみそを溶き入れる。器に盛り、粗びき黒こしょうをふる。

⑤ 日目 「ごはんに合うほっこり」献立

POINT
うまみとだしが出る、
ベーコンをプラスするのもおすすめ

POINT
だし汁を加えて
牛丼にするのもおすすめ

POINT
とろりとしたねぎや、きのこ、
薬味で野菜もたっぷり

メイン 簡単なのに絶品！ 魚料理が苦手な人にぜひ作ってほしい！ # さけさけ蒸し

材料（2人分）

さけの切り身——2枚
ねぎ——1/2本
ブロッコリー——1/4株
まいたけ——100g
酒——大さじ2
A［しょうゆ——大さじ1
　ごま油——大さじ1
　酢——小さじ2
　しょうがとねぎのみじん切り
　——各小さじ1

作り方

1 さけはさっと水で洗い、ペーパータオルで水気をふき取る。塩（分量外）を全体にまぶし、10〜15分ほどおき、出てきた水分をふき取る。Aは混ぜ合わせておく。

2 ねぎは1cm幅の斜め切り、ブロッコリーは小房に切り分け、まいたけは手で裂いておく。

3 耐熱皿の上にペーパータオルを敷き、❶のさけ、❷を並べ、上からまんべんなく酒をかける。ラップをかけて電子レンジ（600W）で6分（500Wなら7分10秒）加熱する。

4 取り出したらラップをかけたまま5分ほど放置し、蒸らす。

5 器に盛り、Aを添える。

タケムラMEMO
ペーパータオルを敷くことで、酒が下までしっかりと浸透し、ムラ無くきれいに蒸し上がります。

サブ しょうがのパンチがきいた甘辛おかず # 牛のしぐれ煮

材料（2人分）

牛こま切れ肉——100g
A［しょうゆ——大さじ1
　酒——大さじ1
　砂糖——小さじ2
　しょうがのみじん切り
　——小さじ1程度

作り方

1 牛肉は食べやすい大きさに切る。Aは混ぜ合わせる。

2 ❶をポリ袋に入れてよくもみ込み、10分ほどおく。

3 耐熱ボウルに❷を入れ、ラップをかけて電子レンジ（600W）で3分（500Wなら3分40秒）加熱する。

4 一度取り出してよく混ぜたら今度はラップをかけずに2分（500Wなら2分20秒）加熱し、器に盛る。

タケムラMEMO
2度目の加熱では、ラップをかけないのがポイント。ラップを外して加熱することで多少水分が飛び、煮詰まります。

汁もの バターが溶け出しほっこりとした味わい # じゃがバタみそ汁

材料（2人分）

じゃがいも——2個
水——400ml
だし入りみそ——大さじ1
バター——10g
小ねぎの小口切り——適量

作り方

1 じゃがいもは一口大の乱切りにし、耐熱ボウルに入れて水を加え、電子レンジ（600W）で8分（500Wなら9分40秒）程度加熱する。

2 ❶にみそを溶き入れる。器に盛り、バターをのせ、ねぎを散らす。

タケムラMEMO
じゃがいもは大きさによって火の通り方も違うので、きちんと火が通っているか、爪楊枝などで確認して下さいね！

⑥ 日目 「疲れたときのラクちん」献立

POINT
にんにくの皮をむく早わざ＆
にんにくチップの作り方は
P.137ページで詳しく紹介しています！

POINT
さばは缶汁ごと！ にんにくは、
電子レンジ加熱をしてから
つぶせば簡単に皮がむけます。

POINT
パスタは2人分まとめて作れます。
袋のゆで時間より5分多く
加熱してください。

メイン　さっぱりしつつ豚の甘みとバターのコクが◎　豚しゃぶおろしポン酢パスタ

材料（2人分）

スパゲッティ──200g
豚バラ薄切り肉──150g
酒──大さじ2
ポン酢──大さじ5
（うち大さじ1は麺をゆでる際に使用）
塩──少々
バター──20g
大根おろし──大さじ2
【盛りつけ用】
貝割れ大根──適量

作り方

1 豚肉は食べやすい大きさに切り、酒をもみ込む。

2 耐熱ボウルに①、手で半分に折ったスパゲッティ、ポン酢大さじ1、塩、ひたひたより少し多めの水（分量外）を順に入れ、軽くかき混ぜる。

3 ②にラップをし、電子レンジ（600W）でスパゲッティの袋に記載されている時間よりも5分多く加熱する。途中4分経過したくらいで豚肉は取り出し、麺は軽くほぐす。

4 ③を取り出し、しっかりと湯切りをする。熱いうちにバターを入れ、余熱でバターを溶かしながら麺全体に絡むように混ぜる。

5 器に盛り、豚肉、大根おろしをのせ、ポン酢をかける。

> **タケムラMEMO**
> ゆでる際、水にポン酢を入れるのは麺と豚肉に軽い風味づけをしておくちょっとしたひと手間です。これをすれば信じられないくらい劇的に味が変わる!!!……という程でもないので、ひと手間省きたい人はポン酢を入れなくてもOK。もちろん入れなくてもおいしいです！

サブ　アンチョビがなくてもさば缶でOK!　サバーニャカウダ

材料（2人分）

さば水煮(缶詰)──1/2缶
きゅうり──1/2本
にんじん──1/2本
大根──1/8本
黄パプリカ──1/2個
赤パプリカ──1/2個
にんにく──2かけ
牛乳──大さじ3
オリーブ油──大さじ3
塩──少々

作り方

1 きゅうり、にんじん、大根は1cm幅の拍子木切り、パプリカはヘタと種を取って縦に1cm幅に切る。

2 にんにくはラップで包み、電子レンジ（600W）で1分（500Wなら1分10秒）加熱する。取り出したらラップの上からつぶして中の芯（芽）を取り除く。

3 耐熱ボウルに牛乳、②を入れ、ラップはかけずに1分加熱する。

4 にんにくをさらによくつぶし、オリーブ油、ほぐしたさば、塩を加えてさらに1分加熱する。

5 全ての材料がよく混ざるようにかき混ぜたら、野菜とともに器に盛る。

汁もの　にんにくのレンチン技が光る1品　ガーリックコンソメスープ

材料（2人分）

にんにく──1個（約6かけ分）
厚切りベーコン──30g
水──400ml
顆粒コンソメスープの素──小さじ2
オリーブ油──大さじ1程度
粗びき黒こしょう──少々

> **タケムラMEMO**
> にんにくの芯は焦げつきの原因や、苦味、えぐ味の原因になるので出来れば取り除きましょう！

作り方

1 にんにくは下1cmを切り落とし、ラップで包んで電子レンジ（600W）で1分（500Wなら1分10秒）加熱する。上の部分を持って身を取り出す（P.137参照）。

2 ベーコンは1cm幅のさいの目切りにする。

3 にんにく2〜3かけ分は芯を取って薄切りにする。耐熱ボウルに薄切りのにんにく、オリーブ油を入れ、ラップをせずに3分30秒（500Wなら4分10秒）加熱し、ガーリックチップを作る（P.137参照）。

4 残りのにんにくの半分はみじん切り、もう半分はそのまま使う。

5 耐熱ボウルに②、④を入れ、水、顆粒コンソメスープの素を加え、ラップはかけずに電子レンジで5分（500Wなら6分）加熱する。

6 器に注ぎ、ガーリックチップ、黒こしょうを散らす。ガーリックチップを作る際に使用したオリーブ油をかける。

7 日目 「週のラストのりきり」献立

POINT
削り節と水を電子レンジで
2分加熱するだけで
だしがとれます。

マヨネーズが好きな人は、
マヨネーズを大さじ2入れてください。
コクとまろやかさが加わって
おいしいです。
POINT

薬味はみょうが、刻みしょうが、
あさつきなどをのせるのもおすすめ。
POINT

メイン どこかほっとするやさしい味 # ゴロゴロ鶏の混ぜごはん

材料（2人分）

鶏もも肉——200g
にんじん——1/2本
しめじ——1/2袋
A { しょうゆ——大さじ1
みりん——大さじ1
顆粒和風だしの素——小さじ1
青じそ——少量
ごはん——300g

作り方

1 鶏肉は大きめ（3〜4cm）に切っておく。にんじんはせん切り、しめじは石づきを取って小房に分ける。

2 耐熱ボウルに❶、Aを加え混ぜ合わせ、ふんわりとラップをかけて電子レンジ（600W）で2分30秒（500Wなら3分）加熱する。一度取り出して混ぜ合わせ、再びふんわりとラップをかけて2分30秒加熱する。

3 取り出したら、ラップをかけたまま5〜10分放置し、余熱で鶏肉にしっかりと火を通す。

4 ごはんに❸とその煮汁大さじ1〜2を加え、全体に混ぜ合わせたら器に盛り、刻んだ青じそをのせる。

タケムラMEMO

「これって炊飯器で炊き込みごはんにしたほうが簡単なんじゃない？」って思った人、手を上げて！ そうかも知れません。いや、そうです（断言）。でも炊き込みごはんを作った後の炊飯器の匂い……気になりません？ 完全に匂いを取るには内蓋をしっかり洗ったりと、お手入れも大変！ そんな人のためにあるレシピなのです！

サブ 万能塩昆布があれば、あと1品がラクラク # キャベツの温サラダ

材料（2人分）

キャベツ——1/4個
塩昆布——20g
塩——少々
オリーブ油——小さじ1

作り方

1 キャベツはざく切りにする。

2 耐熱ボウルにキャベツ、塩昆布、塩、オリーブ油を入れてよく混ぜる。ふんわりとラップをかけて電子レンジ（600W）で2分（500Wなら2分20秒）加熱する。

3 全体を軽く混ぜ、器に盛る。

汁もの おいしいだしも電子レンジで簡単！ # ふわふわ卵のお吸い物

材料（2人分）

卵——2個
削り節——15g
水——400ml
塩——少々
しょうゆ——小さじ1

作り方

1 耐熱ボウルに削り節、水を入れ、ラップをかけて電子レンジ（600W）で2分（500Wなら2分20秒）加熱する。

2 別のボウルの上に、ザルとペーパータオルを2枚重ねにして入れ、❶をこしてだしをとる。

3 だしに塩、しょうゆを入れてよく混ぜたら溶き卵を流し入れる。ラップはかけずに電子レンジで1〜2分（500Wなら1分10秒〜2分20秒）加熱する。

4 卵がふわふわの状態になったら器に盛る。

タケムラMEMO

昆布だしも同様の方法で取れます！ 合わせだしを作りたいなら一緒に入れてしまってもOK！ 残った削り節のガラは電子レンジでカラカラになるまで乾燥させれば、ふりかけとしても活用できますよ！

Column 1

ちょっと味かえでマンネリ脱出！
「献立」おかずをお弁当用にアレンジ

P.48の「鶏肉のトマト煮込み」
➡ 酢鶏に

材料（1人分）

「鶏肉のトマト煮込み」
——お弁当1人前分
A 酢——大さじ1
　片栗粉——小さじ1

タケムラMEMO
片栗粉が酢としっかり混ざっていないとダマになるので要注意！

作り方

1. 耐熱ボウルにAを混ぜ合わせる。
2. ❶に「鶏肉のトマト煮込み」を混ぜ合わせ、ラップをかけて電子レンジ（600W）で1〜2分（500Wなら1分10秒〜2分20秒）加熱する。
3. 取り出して混ぜ、とろみを全体になじませる。

P.50の「レンチン肉じゃが」
➡ 肉じゃがコロッケに

材料（1人分）

「レンチン肉じゃが」
——お弁当1人前分
パン粉——60g
オリーブ油——大さじ4〜6
こしょう——少々

タケムラMEMO
肉じゃがの水分が残っているとベチャベチャで成形しづらいので、適度な水分量になるように加熱をしましょう！

作り方

1. 耐熱ボウルにパン粉、オリーブ油を入れ、よく混ぜ合わせる。ラップをかけて電子レンジ（600W）で1分（500Wなら1分10秒）加熱する。取り出して、ボウルを横にふるようにしてパン粉を少しシェイクし、再び1分加熱する。これを3回（計3分）行う（詳細はP.19参照）。
2. 「レンチン肉じゃが」の水気をきり、牛肉はみじん切りにする。電子レンジ（600W）で1〜2分（500Wなら1分10秒〜2分20秒）加熱して水気をさらに飛ばす。
3. フォークなどで❷をつぶし、こしょうを加えてよく混ぜる。コロッケの形に成形し、❶をまぶす。

P.56の「さけさけ蒸し」
➡ さけフレークに

材料（1人分）

「さけさけ蒸し」——お弁当1人前分
ごま油——小さじ1

タケムラMEMO
さけの水分を少し飛ばしてあげることでうまみが凝縮したフレークができます。仕上げに白ごまを入れても香ばしくておいしいです！

作り方

1. 「さけさけ蒸し」の鮭をほぐし、ごま油と混ぜ合わせる。
2. 耐熱皿に❶を平らになるようにのせ、電子レンジ（600W）で1〜2分（500Wなら1分10秒〜2分20秒）加熱して余分な水分を飛ばす。

夕飯用に作ったおかずを翌日のお弁当に入れる際、同じものをただ詰めるだけではつまらないですよね。
そんなときに使える味かえレシピを紹介。時短でおいしいお弁当おかずです。

P.54の「焼かない豚のしょうが焼き」
➡ ポークジンジャーチャーハンに

材料（1人分）

「焼かない豚のしょうが焼き」
——お弁当1人前分
卵——1個
ごはん——茶碗1杯分
塩、こしょう——各少々
ごま油——小さじ2

タケムラMEMO
ボウルにごはんを貼りつけるのは均等に熱を通すため。ラップをかけて卵ふっくら→取って水分を飛ばして。

作り方

1 「焼かない豚のしょうが焼き」を1cm大になるよう刻む。

2 耐熱ボウルに卵を割りほぐし、❶、ごはん、塩、こしょう、ごま油を入れてよく混ぜる。まんべんなく混ざったら、ボウルの内側にごはんを貼りつけるように広げる。

3 ふんわりとラップをかけて電子レンジ（600W）で1分30秒（500Wなら1分50秒）加熱する。

4 一度取り出して、軽く混ぜたら、今度はラップはかけずに1分30秒加熱する。

P.56の「牛のしぐれ煮」
➡ 牛卵とじに

材料（1人分）

「牛のしぐれ煮」——お弁当1人前分
卵——1個
玉ねぎ——1/8個程度

卵のかたさは加熱時間で調節してくださいナ♪

作り方

1 玉ねぎは細めのくし形切りにする。

2 耐熱ボウルに、「牛のしぐれ煮」、❶、溶き卵を入れて混ぜ合わせる。ラップはかけずに電子レンジ（600W）で1分30秒（500Wなら1分50秒）加熱する。

P.60の「ゴロゴロ鶏の混ぜごはん」
➡ 鶏のちらし寿司に

材料（1人分）

「ゴロゴロ鶏の混ぜごはん」
——お弁当1人前分
卵——1個
片栗粉——小さじ1/2
水——小さじ2
A｛ 酢——大さじ1
　　砂糖——大さじ1
　　塩——少々 ｝
紅しょうが（あれば）
——適量

タケムラMEMO
酢飯が冷めてから塩もみしたきゅうりなどを混ぜると、よりおいしくいただけます。

作り方

1 ボウルに卵、片栗粉、水を入れてよく混ぜ、ラップを敷いた耐熱皿に流し入れる。電子レンジ（600W）で1分（500Wなら1分10秒）加熱し、卵に生焼けの部分が無いのを確認したら取り出す。ラップごとまな板の上に裏返し、薄焼き卵をはがす。軽く丸めてせん切りにし、錦糸卵を作る。

2 「ゴロゴロ鶏の混ぜごはん」の鶏を取り出して細かく刻み、再びごはんに戻して軽く混ぜる。ラップをかけて電子レンジ（600W）で1～2分（500Wなら1分10秒～2分20秒）加熱する。

3 ❷に混ぜ合わせたAを加えてしゃもじで切るようにしながら混ぜる。器に盛り、錦糸卵、あれば紅しょうがをのせる。

Column 2

料理のバリエーション広がる！
「献立」とほぼ同じ食材でもう1品

P.48「鶏肉のトマト煮込み」と同じ食材で

鶏もも肉——200g
トマト——1個
玉ねぎ——1/2個
ピーマン——1個
黄パプリカ——1/2個
ズッキーニ——1/2本
にんにく——1かけ

A
酒——大さじ1
塩、黒こしょう——各少々
小麦粉——大さじ1

B
トマトケチャップ——大さじ3
ウスターソース——小さじ1
砂糖——小さじ1
顆粒コンソメスープの素——小さじ1/2

チーズタッカルビ

好みで汁気を飛ばし、チーズもどんとかけて

材料（2人分）

【追加で用意するもの】
コチュジャン——大さじ1
とろけるスライスチーズ——2枚
とうがらしの輪切り、乾燥パセリ——各適量

作り方

1. 鶏肉は一口大に切る。トマトはヘタを取って十字に切り込みを入れる。玉ねぎは4等分のくし形切り、ピーマン、パプリカはヘタと種を取って縦に8等分に切る。ズッキーニは1cm厚さの半月切り、にんにくはみじん切りにする。

2. ポリ袋に鶏肉、Aを入れてよくもみ込み、小麦粉を入れてさらにもむ。

3. 耐熱ボウルに❷、❶の野菜、Bを順に入れ、ふんわりとラップをかけて電子レンジ（600W）で6分（500Wなら7分10秒）加熱する。

4. 一度取り出してトマトをつぶすようにして全体をよく混ぜたら、再びふんわりラップをかけて4分（500Wなら4分50秒）加熱する。

5. コチュジャンを加えてスライスチーズをのせたらラップをかけて1分（500Wなら1分10秒）加熱し、とうがらし、パセリとともに器に盛る。

タケムラMEMO
「鶏肉のトマト煮込み」と全く同じ材料なだけでなく、途中まで同じ手順！ 最後にコチュジャンとチーズを加えるだけで違う1品の完成。

買ってきた食材があまってしまったけれど、同じレシピをまた作るのもな……
同じ食材で違う料理を作りたいな……という方のためのアレンジレシピ。料理の幅がグンと広がります。

P.50「レンチン肉じゃが」と同じ食材で

牛こま切れ肉——100g
じゃがいも——2個
にんじん——1/2本
玉ねぎ——1/2個
酒——大さじ2
小麦粉——小さじ1

しょうゆ——大さじ2
水——大さじ1
みりん——大さじ1
砂糖——大さじ1
ごま油——小さじ1
オイスターソース——小さじ1/2

ビーフシチュー

材料（2人分）

【追加で用意するもの】
水——300ml
ビーフシチューのルー——2かけ
盛りつけ用生クリーム（あれば）——適量

作り方

1 牛肉は食べやすい大きさに切る。じゃがいも、にんじんは乱切り、玉ねぎはやや細めのくし形に切る。

2 牛肉、酒をポリ袋に入れてもみ込み、小麦粉を加えて肉全体に行き渡るようにさらにもみ込む。

3 ❶の野菜、❷、A、水を耐熱ボウルに入れ、肉が調味液にすべて浸るように軽く混ぜ合わせる。ふんわりとラップをかけ、電子レンジ（600W）で8分（500Wなら9分40秒）加熱する。

4 取り出してビーフシチューのルーを入れ、ルーが溶けるまでよく混ぜる。ラップをかけてさらに3分（500Wなら3分40秒）加熱し、かき混ぜてとろみが出たら完成。あれば生クリームをかける。

和食から洋食へ
カレーなる転身
（いや、シチューや）

タケムラ MEMO

こちらも材料は肉じゃがとほぼ同じ！ 肉じゃがの調味料はいらない？ そんなことありません。肉じゃがに使う和風の調味料がビーフシチューに深みを出してくれます！

バインミー

P.52「キャベツとさば缶のレンジ蒸し」と同じ食材で

キャベツ——4～5枚程度
さば水煮（缶詰）——1缶
にんにくのみじん切り——1かけ分
A｜オイスターソース——小さじ1
　｜ごま油——小さじ1
　｜赤とうがらしの輪切り——適量
　｜塩——少々

材料（2人分）

【追加で用意するもの】
大根——1/8本
にんじん——1/3本
酢——大さじ4
バゲット——1/2～1本
パクチー（あれば）
　——お好みで適量

作り方

1. キャベツ、大根、にんじんはせん切りにする。
2. ボウルに❶、A、酢を入れ、冷蔵室で寝かせる（最低1時間）。
3. 耐熱皿にほぐしたさば、にんにくを入れてふんわりとラップをし、電子レンジ（600W）で1分（500Wなら1分10秒）加熱する。
4. バゲットを横に切り目を入れて切り離さないように開き、軽く絞って汁気をきった❷、❸、パクチーをはさむ。

さっぱりとしたボリューム満点おかずサンドに

タケムラMEMO
ベトナムのサンドウィッチ！大根のナマスが入っているのが特徴！粒マスタードやマヨネーズを加えてもおいしい。

ポークチャップ

P.54「焼かない豚のしょうが焼き」と同じ食材で

豚バラ薄切り肉——120g
玉ねぎ——1/2個
小麦粉——小さじ2
ウスターソース——大さじ1

材料（1人分）

【追加で用意するもの】
トマトケチャップ
　——大さじ2
顆粒コンソメスープの素
　——小さじ1/2
にんにく——2かけ
バター——10g
レタス——適量

作り方

1. 玉ねぎは5mm幅のくし形に切る。ウスターソース、トマトケチャップ、コンソメスープの素は混ぜ合わせておく。にんにくは薄切りにする。
2. 耐熱ボウルに小麦粉小さじ1をふり入れ、豚肉を一枚一枚並べ入れる。肉の上からさらに小麦粉小さじ1をまぶし、軽くラップをかけて容器をシェイクしながら小麦粉をまんべんなく肉にまぶす。
3. ❷に❶、バターを入れて混ぜ合わせる。ラップはかけずに、電子レンジ（600W）で3分30秒（500Wなら4分10秒）加熱する。2分経過したタイミングで一度取り出してかき混ぜる。

しょうが焼きにバター＆ケチャップでコク増し！

タケムラMEMO
少しあっさりとした、和ポークチャップにしたい方は、ウスターソースをめんつゆに替えてもおいしく頂けます。

PART 3

困ったときはこれ！使える「ひき肉」おかず

豚ひき肉で作る「豚みそ」、合いびき肉で作る「ミートソース」
鶏ひき肉で作る「鶏そぼろ」。これさえあれば
料理のバリエーションが何品にも広がっちゃう！
という魔法のレシピ。
野菜やごはんにかけるだけでメイン級おかずが次々と完成します。

3つの「ひき肉ベース」でパパっと9品作れます！

1 豚肉みそベース

Source_Best Choice

ずぼらさん必見！
超絶簡単！
ひき肉ベースはたったの**3Step♪**

Step 1
ひき肉とその他の材料をすべてボウルに入れて混ぜ合わせる。

ミートソースベース 2

鶏そぼろベース 3

あまったら冷凍保存

ひき肉が完全に冷めたら冷凍用保存袋に入れて平らにし、冷凍。約1カ月ほど保存可能です。

Step 2
ラップをかけて電子レンジ加熱。

Step 3
加熱ムラを防ぐために、一度取り出して混ぜ合わせる。

Finish
あっという間に完成!

PART 3 困ったときはこれ！ 使える「ひき肉」おかず

Source_Best Choice

みそをたっぷり
入れるのがポイント

豚肉みそベース

材料（4人分）

豚ひき肉——100g
だし入りみそ——大さじ4
しょうがの薄切り——2枚分
砂糖——大さじ1
しょうゆ——大さじ1
みりん——大さじ1

作り方

1 しょうがはみじん切りにする。

2 耐熱ボウルに❶、残りの全ての材料を入れて均一によく混ぜる。ラップをかけて電子レンジ（600W）で2分（500Wなら2分20秒）加熱する。一度取り出し、加熱ムラを無くすためによく混ぜ、さらに2分加熱する。

タケムラ MEMO
倍量の肉みそを作りたい時は全てを倍にするだけでOK。ただし、取り出す回数も倍になるのを忘れずに！

「豚肉みそ」でアレンジレシピ Arrange

しみしみ大根のコツは冷凍にアリ!
肉みそ田楽

材料（2人分）

「豚肉みそ」——大さじ2
大根——1/2本分
だし汁——200ml

タケムラMEMO
「大根は冷凍することで繊維が壊れるのでとても味がしみます」と、友人の冷凍王子に教えてもらいました。冷凍王子ありがとう!

作り方

1. 大根は4cm厚さの輪切りにして皮をむく。表面に十字の切り目を入れてそれぞれラップで包み、できれば一晩以上冷凍する。

2. 耐熱ボウルにだし汁、大根を入れる。ラップをかけて電子レンジ（600W）で10分（500Wなら12分）加熱する。

3. 大根の汁気をきって器に盛り、肉みそをかける。

食べごたえのあるおかずやっこ!
韓国風・肉みそ冷や奴

材料（2人分）

「豚肉みそ」——大さじ2
豆腐——1丁
きゅうり——1/2本
キムチ——適量
ごま油——小さじ2
韓国のり——適量
白いりごま——適量

作り方

1. 豆腐は軽く水気をきっておく。きゅうりはせん切りにする。

2. 器に豆腐を盛り、肉みそをたっぷりかけてから、キムチ、きゅうりをのせ、ごま油を回しかけて韓国のり、白いりごまをかける。

電子レンジが大きければ1本丸ごといけます!
ねぎの七味肉みそマヨ

材料（2人分）

「豚肉みそ」——大さじ1
ねぎ——1本
酒——小さじ1程度
顆粒和風だしの素——小さじ1程度
七味とうがらし——適量
マヨネーズ——大さじ2

作り方

1. ねぎは長さを半分に切る。

2. 耐熱皿に❶をのせ、酒、顆粒和風だしの素をかける。ラップをかけて電子レンジ（600W）で2分30秒（500Wなら3分）加熱する。

3. 肉みそ、七味とうがらし、マヨネーズを混ぜてかけだれを作る。

4. ❷を器に盛り、❸をかける。

タケムラMEMO
加熱時間を短くすれば少しシャキッとめの食感に、長くすればよりトロトロの食感になります。とは言え、半生も加熱し過ぎもNGなので前後1分程度にしましょう!

PART 3 困ったときはこれ! 使える「ひき肉」おかず

71

Source_Best Choice

子どもも大人も
み〜んな大好き
ミートソース
ベース

材料（4人分）

- 合いびき肉 —— 200g
- 赤ワイン —— 大さじ2
- 黒こしょう —— 少々
- 玉ねぎ —— 1/2個
- にんじん —— 1/2本
- にんにく —— 2かけ
- A
  - カットトマト缶 —— 1缶
  - トマトケチャップ —— 大さじ2
  - ウスターソース —— 大さじ2
  - めんつゆ（二倍濃縮タイプ）
    —— 大さじ2
  - 顆粒コンソメスープの素
    —— 小さじ2
  - 小麦粉 —— 大さじ1と1/2
  - 砂糖 —— 小さじ1

作り方

1. 耐熱ボウルにひき肉、赤ワイン、黒こしょうを入れてひき肉をほぐすように菜箸で混ぜる。味をなじませるために少しおく。

2. 玉ねぎ、にんじん、にんにくはみじん切りにする。

3. ❶に❷、Aを加えて均一によく混ぜる。ふんわりとラップをかけて電子レンジ（600W）で5分（500Wなら6分）加熱する。一度取り出し、加熱ムラを無くすためによく混ぜ、さらに2〜3分（500Wなら2分20秒〜3分40秒）ほど加熱する。

4. 水分が飛んでとろみが適度についたら完成。

タケムラ MEMO

ひき肉をほぐす際には泡立て器や菜箸を3本使用して混ぜるなどすると簡単にほぐれてくれます！砂糖は味に深みとコクを出すために入れていますが、糖質が気になる方は入れなくても十分おいしいミートソースになりますよ！

「ミートソース」でアレンジレシピ Arrange

蒸しにんにくとガーリックチップもレンチン！
にんにくボロネーゼ

材料（1人分）

「ミートソース」——100g
スパゲッティ——100g
にんにく——1玉（約6かけ分）
オリーブ油——小さじ1程度
粉チーズ（好みで）——適量
乾燥パセリ（好みで）——適量

作り方

1. にんにくは下の部分を包丁で切り落とし、電子レンジ（600W）で1分30秒（500Wなら1分50秒）加熱する。上から押し出すようにしてにんにくを取り出す（P.137参照）。

2. にんにくは全体の半量を薄切り、残りは蒸しにんにくとしてそのまま使用する。

3. 耐熱ボウルに薄切りにしたにんにくを入れて、オリーブ油をかける。ラップはかけずに2〜3分（500Wなら2分20秒〜3分40秒）焦げないように加熱する。

4. 別の耐熱ボウルにスパゲッティを半分に折って入れ、麺が完全に隠れるくらいの水と塩（それぞれ分量外）を加える。袋に記載されているゆで時間よりも1分（500Wなら1分10秒）多く加熱し、湯をきる。

5. ❹を器に盛り、温めたミートソースをかける。蒸しにんにく、❸のガーリックチップをのせ、好みで粉チーズ、パセリをかける。

ミートソースにバターのコクもプラス
じゃがバタミート

材料（2人分）

「ミートソース」——100g
じゃがいも——2個
バター——10g
乾燥パセリ（あれば）——適量

作り方

1. じゃがいもは水で洗い、十字の切り目を軽く入れる。皮つきのまま、水を含ませて絞ったペーパータオルとラップでそれぞれ包む。耐熱皿にのせて電子レンジ（600W）で6〜7分（500Wなら7分10秒〜8分20秒）加熱する。途中、加熱ムラを防ぐためにじゃがいもの上下をかえす。

2. じゃがいもに串が通るほどやわらかくなったら、じゃがいもが熱いうちに切り目にバターをのせ、温めたミートソース、あればパセリをかける。

タケムラMEMO
乱切りにしたじゃがいもをグラタン皿などに入れ、ミートソース、ホワイトソース、チーズの順番にかけてトースターで焼くと……ポテトミートグラタンになり、これもうまい！

ミートソース+カレー粉で簡単アレンジ
イタリアンドライカレー

材料（2人分）

「ミートソース」——200g
ごはん——茶碗2杯分
カレー粉——小さじ2
乾燥パセリ（あれば）——適量

作り方

1. ミートソースにカレー粉を混ぜ、ラップはかけずに電子レンジ（600W）で1〜2分（500Wなら1分10秒〜2分20秒）温める。

2. 器にごはんを盛り、❶、あればパセリをかける。

タケムラMEMO
ミートソースさえ作っておけば超絶簡単にできるアレンジレシピ！ ラップをかけないのは少し水分を飛ばした方が味が凝縮しておいしいからです。卵黄を乗せると味がグレードアップ！ ならのせればいいのに……

Source_Best Choice

しょうがが効いた大人のそぼろ

鶏そぼろベース

材料（4人分）

鶏ひき肉——400g
しょうがの薄切り——10枚
酒——大さじ4
しょうゆ——大さじ4
みりん——大さじ4
砂糖——大さじ2

作り方

1 しょうがはみじん切りにする。

2 耐熱ボウルに全ての材料を入れ、味がなじむようによく混ぜ合わせる。ラップをかけて電子レンジ（600W）で2分（500Wなら2分20秒）加熱する。一度取り出し、加熱ムラを無くすためによく混ぜ、さらに2分加熱する。様子を見ながら、「取り出して混ぜ→再び2分加熱する」作業をあと2回ほど繰り返し、完全に火を通す。

タケムラMEMO
短時間加熱で混ぜる回数を増やすことで均一に火が通ります。

「鶏そぼろ」で
アレンジレシピ
Arrange

やさしい甘みで彩りも鮮やか
三色丼

材料（2人分）

「鶏そぼろ」——200g
卵——2個
砂糖——小さじ1
ほうれん草——1/2束程度
ごま油——少々
塩——少々
白いりごま——少々
ごはん——茶碗2杯分

作り方

1. 耐熱ボウルに卵を割りほぐし、砂糖を加えてよく混ぜる。ラップはかけずに電子レンジ（600W）で1分（500Wなら1分10秒）加熱する。取り出して泡立て器（無ければフォークなど）で混ぜる。卵に火が通るまで何度か繰り返す。

2. ほうれん草は茎の部分の土をしっかりと洗い流し、ラップで巻いて、電子レンジで2分30秒（500Wなら3分）加熱する。取り出してラップをつけたまま水にさらし、あら熱をとる。ラップから取り出して軽く水気を絞り、3cm長さに切り分けてボウルに入れ、ごま油、塩、白いりごまを加えてあえる。

3. 器にごはんを盛り、鶏そぼろ、❶の炒り卵、❷のほうれん草をのせる。

タケムラMEMO
ほうれん草を加熱した後、水気を絞るとアク抜きになります。三色丼の具材をからしマヨネーズを塗ったパンに挟んで三色サンドもおすすめ！（←またマヨネーズ）

レンチンならかぶも4分でほろほろに
丸ごとかぶのそぼろあんかけ

材料（2人分）

「鶏そぼろ」——50g
かぶ（大きめ）——2個
だし汁——200ml
A ┃ 水——大さじ1
　┃ 片栗粉——大さじ1/2
　┃ 砂糖——小さじ1
　┃ しょうゆ——少々
　┃ 塩——少々
貝割れ大根（あれば）——適量

作り方

1. かぶは葉と茎を切り落として皮をむく。

2. 耐熱皿にかぶをのせ、電子レンジ（600W）で4分（500Wなら4分50秒）加熱する。

3. 耐熱ボウルにだし汁、A、鶏そぼろを入れてよく混ぜ、ラップはかけずに1分（500Wなら1分10秒）加熱して取り出し、混ぜる。とろみが出るまで何度か繰り返す。

4. かぶを器に盛り、❸をかける。あれば貝割れ大根をのせる。

タケムラMEMO
片栗粉でとろみをつける場合は、短時間加熱→取り出して混ぜる作業を繰り返すのがダマにならないコツ。かぶの葉は捨てずに細かく刻んでレンジで水分を飛ばし、削り節やごま、しょうゆや塩などで味つけをすればおいしいふりかけにもなります。

ピリ辛そぼろでやみつきおかずに
バンバンジー風・たたききゅうり

材料（2人分）

「鶏そぼろ」——50g
きゅうり——1本
ごまドレッシング（市販品）——大さじ2
豆板醤——小さじ1/2

作り方

1. ボウルに鶏そぼろ、ごまドレッシング、豆板醤を入れて混ぜ合わせる。

2. きゅうりは手で上から押して軽くつぶし、食べやすい大きさに切る。

3. ❷に❶をかける。

タケムラMEMO
電子レンジ使ってないじゃん！というツッコミは禁止です。鶏そぼろを作るのに使ってますから←開き直り。きゅうりは包丁できれいに切るよりも、手でつぶしたほうがタレがからんでおいしい！

Column 3

ぜ〜んぶ100円ショップ
電子レンジ便利グッズ

電子レンジ調理は、とにかく簡単であってほしいので、
100円ショップで購入できる便利グッズもぜひ活用してみましょう♪

「電子レンジ調理器・パスタ」

大きいお鍋も、お湯を沸かす必要もなし！ 長いままパスタを入れることができ、湯切り口つき。1人分、1.5人分のパスタゲージがついているので計量いらずでとにかく便利。

「レンジで簡単ポーチドエッグ」

電子レンジ（600W）約1分20秒でポーチドエッグの完成。お湯に入れて作ると崩れがちな黄身も、これなら失敗しらず。

「レンジで目玉焼き」

なんと50秒チン！ で完成。フライパンも油も使わないから洗い物も少なく、忙しい朝にぴったり。お餅も焼けるみたいです。

「お湯を使わずレンジでお手軽温野菜」

お湯を使わないから栄養を逃さず頂けます。下に不要な水分がたまるようになっているので、べちゃっとなってしまうのも防げます。

「レンジで手軽に魚料理」

切り身をのせて3分で焼き魚風にしたり、4〜6分で煮魚ができちゃいます。魚料理が苦手、魚焼きグリルを洗うのが手間だな……と感じている方はぜひ使ってみてください。

「電子レンジお掃除スポンジ」

P.137でレモンを使った消臭方法を紹介していますが、もっと手軽に！ という方はお掃除グッズもおすすめ。チンしてふくらんだスポンジでふき取るだけ。

Ren-chin Papa Takemura

PART 4

包丁を使わない超時短レンチンごはん

「電子レンジのみ」というだけでとにかく簡単なのに
「包丁」まで使わないという超〜ズボラレシピ。
子どもと一緒に楽しみながら作りつつ、
洗い物も少なくいいことづくめ。
おかずからおやつまで幅広くご紹介します。

包丁を使わない ラクチン技

PART 4

調理用はさみで切る
野菜はもちろん、お肉もはさみを使えばラクラク、まな板も汚れません。

手でちぎる
葉野菜、食パン、豆腐なども手でちぎれば簡単。きれいに切るよりもちぎった方が断面から味がしみ込みやすくなりますよ。

冷凍食材を活用する
シーフードミックスやミックスベジタブル、カット野菜などの冷凍食材も常備しておくと便利。うまみや栄養もそのままなのがうれしい。

スプーンで削る
バターのカットすら手間だな…というときは、スプーンで削ればOK。他にもアボカド、豆腐、野菜のヘタや種を取るのもスプーンがあればなんでもできる！

「子どもと楽しみながら料理を作りたい」
という思いから生まれた
包丁を使わないレシピ。
包丁も火も使わないから子どもも安心。

加熱後の取り出しには注意!!

でもよく考えたら
忙しい日にすぐに作れる＝**調理の時短**、
洗い物が圧倒的に減る＝**家事の時短**、
"すぐに食べたい"が叶い、
超手抜きでも
"おいしいごはんを作ったぞ"という自信、
レンチン中に生まれる
圧倒的時間の自由と心の余裕

あれ？ 大人にとってもいいことしかないじゃん！

とにかく早い！うまい！うまみがすごい！
魚介を食べるカレー

スリラチャ

野菜ゼロカレーなので野菜のうまみが凝縮したソースが合わないはずない！

材料（5人分）

冷凍シーフードミックス──1袋
水──箱記載の分量より100ml少ない分量
ウスターソース──大さじ2
カレールー──1/2箱分
バター──30g
ごはん──5皿分

【盛りつけ用】
乾燥パセリ──適量

作り方

1. 耐熱ボウルにシーフードミックス、水（分量外）を入れ、シーフードミックスの周りに付いている氷膜（グレーズ）を取り除いて水気をきる。

2. ❶のボウルに水を入れ、ふんわりとラップをかけて電子レンジ（600W）で6分（500Wなら7分10秒）加熱し、一度取り出す。

> ふんわりラップをかけて**6**分

カレールーはZEPPIN（中辛）が大好きです

3. ウスターソース、カレールーを入れ、ルーが溶けるまでスプーンなどでよく混ぜる。ラップをかけ、さらに2分（500Wなら2分20秒）加熱して取り出す。

> ラップをかけて**2**分

4. 仕上げのバターを入れ、よく混ぜる。器にごはんとともに盛る。

タケムラMEMO

カレーのとろみはルーの中に入っている小麦粉のでんぷん質が加熱されることによって起こるもの。ルーを入れて混ぜただけではシャバシャバなので、しっかり追加加熱してよく混ぜてあげましょう！

野菜が入っていないので、ウスターソースで野菜のうま味をプラスしました。もちろん野菜を入れたい人は入れてい―――んです。

バターでコクと風味が超絶UP!!

包丁を使わない超時短レンチンごはん

ふわふわ卵が麺にからむ！
タケムラ流・絶品かま玉うどん

調味料マニアのちょい足しのススメ

トリュフソルト

卵にトリュフをプラスしてフレンチ風かま玉うど〜ん♪

数粒かけて

材料（1人分）

冷凍うどん——1袋
卵——1個
めんつゆ（二倍濃縮タイプ）——大さじ1
食べるラー油——小さじ1
小ねぎ——適量

作り方

1 小ねぎはハサミで小口切りにする。

2 盛り付け用の器（耐熱のもの）に卵を割り入れ、めんつゆ、食べるラー油、❶を入れておく。

3 うどんは袋から出し、さっと水にくぐらせてから耐熱皿にのせ、ふんわりとラップをかけて電子レンジ（600W）で3分（500Wなら3分40秒）加熱する。

ふんわりラップをかけて**3**分

4 熱々の状態のまま冷めないうちに❷に入れ、これでもかというくらいよく混ぜる。

腕をギュインギュインいわせて

タケムラ MEMO

これでもかというくらい混ぜる理由は、卵と熱々麺がからむことによってメレンゲ的なフワフワ感が出るからです。

包丁を使わない超時短レンチンごはん

ポテトチップスの食感とクミンの風味が楽しい
簡単タコライス

調味料マニアのちょい足しのススメ

めんたいマヨ

スパイスの風味をマイルドにしながらうまみもプラス！

材料（2人分）

合いびき肉──200g
レタス──2枚分
A│ クミンパウダー──小さじ1
　│ 塩、こしょう──各少々
　│ にんにく（チューブ）──適量
カットトマト缶──大さじ2
シュレッドチーズ──適量
ポテトチップス（コンソメ味）
──適量
ごはん──2皿分

ないよ〜という方は
入れなくてもOK

タケムラ MEMO

チューブのにんにくがない！
という人はガーリックパウダ
ーを！ え？ ガーリックパウダ
ーの方がない？ じゃあ生にん
にくのみじん切りを使ってく
ださい。包丁は使うけどね。

カットトマトはもっともっとたく
さん入れてもおいしい♪ ポテト
チップスの味を変えるだけで全
然違った味になるのでお試しあ
れ〜♪（テンションおかしい）

作り方

1 レタスは食べやすい大きさに手でちぎる。

↓

2 耐熱ボウルにひき肉、Aを入れてよく混ぜ、少しおいて味をなじませる。

↓

3 ボウルの内側に肉を貼りつけるようにし、ふんわりとラップをかけて電子レンジ（600W）で3分（500Wなら3分40秒）加熱する。

ムラなく均一に
火が通るコツ

ふんわりラップをかけて**3**分

↓

4 一度取り出して肉をほぐすように菜箸などで混ぜる。ラップはかけずにさらに3分加熱し、取り出してよく混ぜる。

ラップはかけずに**3**分

菜箸を2膳使うとより
すばやくポロポロになります

↓

5 器にごはんを盛り、❶のレタスをのせて❹をかけ、シュレッドチーズ、カットトマト、砕いたポテトチップスをかける。

レンチン"たまごかけごはん"にドハマリすること間違いなし！
究極を超えたTKG
（たまごかけごはん）

調味料マニアのちょい足しのススメ

めんたいマヨ

ポン酢

オリーブ油

スリラチャ

にくしょう

ねぎ油

生胡椒

トリュフソルト

山椒ラー油

生七味

究極のTKGには合わない調味料など無いのです！全部試して欲しい！

材料（1人分）

卵──1個
ごはん──茶碗1杯分
しょうゆ──小さじ2

作り方

1 耐熱の茶碗に卵、しょうゆを入れて白身がなくなるくらいよく混ぜる。

フォークで混ぜるのがおすすめ

2 ❶に温かいごはんを加え、さらにこれでもかというくらい混ぜる。ラップはかけずに電子レンジ（600W）で20秒（500Wなら30秒）加熱する。

かま玉同様、ギュインギュインいわせて

> ラップはかけずに**20秒**

この20秒が究極を超える技！

3 完成。

簡単すぎて書くことない……

タケムラMEMO

こんなの料理じゃない？ おっしゃる通りです。でもレンジを使ったTKGのおいしい食べ方をどうしても教えたかったんです。この方法を使うとねっとり＆ほわっほわの食感が同時に楽しめて濃いうま！

包丁を使わない超時短レンチンごはん

かわいい見た目に子どもも大喜び
マグカップオムライス

調味料マニアのちょい足しのススメ

生胡椒

お子様向けに見えるオムライスが一転、大人の味に！

材料（1人分）

- 卵──1個
- A
  - トマトケチャップ──大さじ1
  - ウスターソース──小さじ1
  - オイスターソース──小さじ1
- 牛乳──小さじ1
- 粉チーズ──小さじ1
- ミックスベジタブル──大さじ1
- シーフードミックス──大さじ1
- ごはん──150g

【盛りつけ用】
- トマトケチャップ──適量
- 乾燥パセリ──少々

タケムラMEMO

このメニューは600Wではなく200Wを使います！　理由は低ワット調理をすることで卵がふわとろに仕上がるからです。

200Wが無い！という方は「解凍モード」を使えばOK！

卵の熱の通り具合はレンジによっても違うので、トロトロすぎる場合には30秒ごとに追加加熱をしてくださいナ。

作り方

1. ボウルにAを混ぜ合わせる。

   作り方③のポリ袋に混ぜ合わせておけば、さらに洗いもの減！

2. 別のボウルに卵、牛乳、粉チーズを混ぜ合わせる。

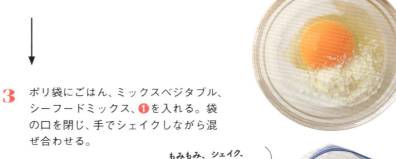

3. ポリ袋にごはん、ミックスベジタブル、シーフードミックス、❶を入れる。袋の口を閉じ、手でシェイクしながら混ぜ合わせる。

   もみもみ、シェイク、もみもみ、シェイク！

4. ごはん、調味料がしっかりと混ざったらマグカップに入れ、スプーンで表面を平らにならす。

5. ごはんの上に❷を流し入れる。ラップはかけずに電子レンジ200Wで4分加熱する（なければ解凍モードを使用）。

   200Wでじっくり！

   ラップはかけずに200Wで4分

   やけどに注意　ミトン使ってちょ

6. 取り出したら2分ほど放置し、余熱で火を通す。好みでケチャップをかけ、パセリを散らす。

包丁を使わない超時短レンチンごはん

驚くほど時短。もっと時間がかかるものじゃなかった？
マグカップフレンチトースト

材料（1人分）

食パン（6枚切り）——1枚
卵——1個
牛乳——80ml
練乳——大さじ2（なければ砂糖大さじ2）
バター——5g
メープルシロップ——適量

作り方

1 耐熱のマグカップに卵、牛乳、練乳を入れてフォークなどでよく混ぜる。

練乳を使うことでコクが増してリッチな味わいに

2 食パンは適当な大きさに手でちぎって❶のマグカップに入れる。

3 食パンが卵液に浸るように押し込んでそのまま少し置き、しみ込ませる。

4 ラップはかけずに電子レンジ（600W）で2分（500Wなら2分20秒）加熱する。

ラップはかけずに**2分**

やけどに注意
ミトン使ってちょ

5 取り出してバターをのせ、メープルシロップをかける。

タケムラMEMO

卵液を混ぜる際にはフォークを使うと卵が素早くしっかり混ざるのでおすすめです。

「包丁を使わない」という縛りがあるから無理くり食パンを手でちぎってない？ と思った方……手でちぎった方が断面から卵液がパンにしみ込みやすいので、より短時間で手軽に出来るんですよ。ふふふ。

え？ バターをカットするのに包丁使う？ ……バターナイフとかスプーン使えばいいじゃないか！

包丁を使わない超時短レンチンごはん

ごはんにお餅をのせる発想なかった！
もち米いらずの簡単おはぎ

材料（2人分）

冷たいごはん——茶碗2杯分程度
切り餅——2個
A きな粉——大さじ2
　砂糖——大さじ2
　塩——少々
B 黒すりごま——大さじ2
　砂糖——大さじ2
　塩——少々
粒あん（市販品）——適量

作り方

1 ボウルに**A**を混ぜ合わせる。

2 別のボウルに**B**を混ぜ合わせる。

3 耐熱ボウルにごはんを入れ、その上に水にくぐらせた餅をのせる。ラップをして電子レンジ（600W）で2分（500Wなら2分20秒）加熱する。

ラップをして**2**分

4 取り出し、へらでごはんと餅を練るようによく混ぜる。

へらはゴムべら、シリコンべら、木べらどれでもOK！どうしてもない場合はスプーンでも。

5 ラップに粒あんを敷き、❹をのせて包むように丸めて成形する。

6 きなこと黒すりごまも同様に成形し、器に盛る。

タケムラMEMO

もち米を炊くのは手間だけど、この方法なら超簡単！枝豆と砂糖をすりつぶして、ずんだあんのおはぎにするのも最高！

コシあんをレンチンもち米で包んでからきな粉をまぶすのもおいしいですよね♪

包丁を使わない超時短レンチンごはん

お菓子のキャラメルを牛乳に入れて溶かすだけ！
キャラメルアフォガート

材料（1人分）

ミルクキャラメル──5個
牛乳──大さじ2
バニラアイス──1皿分
【盛りつけ用】
アーモンドスライス──好みで数枚

作り方

1. 深めの耐熱カップにキャラメル、牛乳を入れ、ラップはかけずに電子レンジ（600W）で30秒（500Wなら40秒）加熱する。

> ラップはかけずに **30秒**

牛乳のふきこぼれに注意

2. 一度取り出してかき混ぜ、さらに20秒（500Wなら30秒）加熱し、溶けるまで繰り返す。

> ラップはかけずに **20秒**ごと様子を見ながらかき混ぜる

3. キャラメルが完全に溶けたら取り出す。器にアイスクリームを盛ってアーモンドスライスをのせ、キャラメルソースをたっぷりとかける。

タケムラMEMO
ミルクキャラメルの数の増減でソースのねっとり感が変わるので、お好みで調整を！

PART 5

めんどうな下ゆで不要 栄養丸ごと レンチン副菜

ブロッコリー、ほうれん草、アスパラガス、なす、玉ねぎ、
きのこ、豆腐、油揚げ。下ゆですると栄養が逃げてしまうかも!?
アク抜きが少し手間、水切りに時間がかかる……
そんな「ちょっと手間かも」と思う
食材を集めて「電子レンジ下ごしらえ」と簡単副菜レシピをご紹介。

FOODSTUFF 1
ブロッコリー

実はブロッコリーの下ごしらえはレンチンが正解！
ゆでてしまうと豊富なビタミンCが流れ出てしまうからです。
やわらかめも、コリっと食感を残すのもレンジなら簡単。

ブロッコリーの レンチン方法

1 ブロッコリーはさっと洗って小房に分ける。

2 水気をきらずに耐熱皿に並べる。ふんわりとラップをかけて電子レンジ（600W）で1分30秒（500Wなら1分50秒）加熱する。

3 少しやわらかめが好きな方は、取り出した後ラップをかけたまましばらくおき、余熱で火を通すのがおすすめ。

POINT

水分が出るので、保存容器にペーパータオルを敷いて保存します。なるべく早めに食べきりましょう。

マスタードの酸味とベーコンのうまみが好相性
ブロッコリーの粒マスタードあえ

材料（2人分）
- ブロッコリー —— 1/2株
- 厚切りベーコン —— 100g
- A
  - 粒マスタード —— 大さじ2
  - マヨネーズ —— 大さじ2
  - 塩、こしょう —— 各少々

作り方
1. ブロッコリーはさっと洗って小房に分け、水気をきらずに耐熱皿に並べる。ふんわりとラップをかけて電子レンジ（600W）で1分30秒（500Wなら1分50秒）加熱する。Aは混ぜ合わせておく。
2. ベーコンは食べやすい大きさに切って耐熱皿にのせ、ラップをかけて電子レンジで1分（500Wなら1分10秒）加熱する。
3. ①、②を混ぜ合わせて器に盛る。

タケムラMEMO
出ました！ 困ったときのマヨネーズ！ レモン汁を少し入れると、さっぱりと食べられますよ。

やさしい甘みのあんがたっぷり
ブロッコリーのシーフードあんかけ

材料（2人分）
- ブロッコリー —— 1/2株
- 冷凍シーフードミックス —— 大さじ2程度
- A
  - だし汁 —— 200ml
  - 片栗粉 —— 大さじ1/2
  - 水 —— 大さじ1
  - 砂糖 —— 小さじ1
  - しょうゆ、塩 —— 各少々

作り方
1. ブロッコリーはさっと洗って小房に分け、水気をきらずに耐熱皿に並べる。ふんわりとラップをかけて電子レンジ（600W）で1分30秒（500Wなら1分50秒）加熱する。
2. ボウルに水（分量外）、シーフードミックスを入れて氷膜（グレーズ）を取り除く。
3. 耐熱ボウルにAを混ぜ合わせ、②を入れてラップをかけずに電子レンジで2分（500Wなら2分20秒）加熱し、取り出してよく混ぜる。
4. ③の作業をあと1回繰り返し、器に盛った①にかける。

タケムラMEMO
片栗粉でとろみをつける場合は、2分加熱→取り出して混ぜる作業を繰り返すのがダマにならないコツです。

ブロッコリーのつぶつぶ食感が楽しい！
ブロッコリーえびマヨ

材料（1人分）
- ブロッコリー —— 1/4株
- むきえび —— 100g
- 塩 —— 少々
- 酒 —— 小さじ1/2
- 片栗粉 —— 小さじ1/2
- A
  - マヨネーズ —— 大さじ2
  - 練乳 —— 小さじ1
  - （なければ砂糖小さじ1）

作り方
1. ブロッコリーはさっと洗って小房に分け、水気をきらずに耐熱皿に並べる。ふんわりとラップをかけて電子レンジ（600W）で1分30秒（500Wなら1分50秒）加熱する。あら熱を取り、細かく刻む。
2. えびは塩、酒をふって臭みを取る。水で洗い流し、ペーパータオルで水気を軽くふき取り、片栗粉をまぶす。
3. えびを耐熱皿にのせ、ラップをかけて電子レンジで1〜2分（500Wなら1分10秒〜2分20秒）加熱する（えびの大きさによって調整する）。
4. ボウルにAを混ぜ合わせ、①、③を加えてあえる。

タケムラMEMO
練乳のかわりに、砂糖＋牛乳各小さじ1、砂糖＋生クリーム各小さじ1でもおいしく作れます。

めんどうな下ゆで不要　栄養丸ごとレンチン副菜

FOODSTUFF 2
ほうれん草

シュウ酸というアクが含まれるほうれん草も、下ごしらえが少し手間な野菜のひとつ。でもそんなアク抜きもレンチンにおまかせ。栄養も溶け出さず丸ごといただけます。

ほうれん草の レンチン方法

1 茎についた泥を水で洗い流す。ラップで包んで電子レンジ（600W）で2分30秒（500Wなら3分）加熱する。

2 ラップをしたまま冷水にさらす。あら熱がとれたらラップから取り出して水気を絞る。

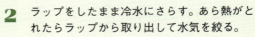
これでアク抜き完了！

3 食べやすい大きさに切って使う。

POINT

スゴ技！

P.99「ほうれん草のココット」では、ほうれん草とベーコンを一緒に加熱。手間も省きつつ、ほうれん草にベーコンの風味がしっかりと行き渡り、一石二鳥！

白ごま、黒ごま、ごま油の三重奏!
ほうれん草のトリプルごまあえ

材料（2人分）

- ほうれん草——1束
- A
  - 白すりごま——小さじ1
  - 黒すりごま——小さじ1
  - ごま油——小さじ1
  - めんつゆ（二倍濃縮タイプ）——小さじ1

作り方

1 ほうれん草は茎についた泥を水で洗い流す。ラップで包んで電子レンジ（600W）で2分30秒（500Wなら3分）加熱する。取り出して、ラップをしたまま冷水にさらす。あら熱がとれたらラップから取り出して水気を絞る。

2 ほうれん草を3cm幅に切り分けてボウルに入れ、Aを加えてまんべんなく混ぜ合わせる。

タケムラMEMO
ほうれん草は冷水にさらして絞ることでアク抜きに。それぞれのごまの風味を感じられる一品です。

ベーコンの塩けがアクセント!
ほうれん草のココット

材料（4人分）

- ほうれん草——1束
- 卵——4個
- 厚切りベーコン——50g
- 塩、こしょう——各少々
- バター——20g

作り方

1 ほうれん草は茎についた泥を水で洗い流す。ベーコンは食べやすい大きさに切り、ほうれん草とともにラップで包んで電子レンジ（600W）で2分30秒（500Wなら3分）加熱する。

2 ベーコンも一緒にラップをしたまま冷水にさらす。あら熱がとれたらラップから取り出してほうれん草の水気を絞り、長さを3等分に切る。

3 ❷のベーコン、ほうれん草をココットにそれぞれ均等に入れ、塩、こしょうをする。

4 バターを5gずつのせ、卵を割り入れ、卵黄に爪楊枝で5、6か所穴をあける。

5 ラップをかけて、1個につき電子レンジで50秒〜1分（500Wなら1分〜1分10秒）程度加熱する。

タケムラMEMO
ほうれん草とベーコンを一緒にチンしてしまうことで、手間も省けますし、ほうれん草にベーコンの風味がしっかりと行き渡ります。

シャキシャキ食感がたまらない韓国風卵焼き
薄焼き卵の巻ナムル

材料（2人分）

- ほうれん草——1束
- にんじん——1/2本
- もやし——1/2袋
- A
  - ごま油——大さじ1
  - 塩——小さじ1/2
  - 白ごま——少々
- 卵——1個
- 片栗粉——小さじ1/2
- 水——小さじ2
- サラダ油——小さじ1

作り方

1 ほうれん草は茎についた泥を水で洗い流す。ラップで包んで電子レンジ（600W）で2分30秒（500Wなら3分）加熱する。取り出して、ラップをしたまま冷水にさらす。あら熱がとれたらラップから取り出して水気を絞る。

2 にんじんはせん切り、もやしはさっと洗い、水気をしっかりとく。合わせて耐熱ボウルに入れ、ふんわりとラップをかけて電子レンジで2分（500Wなら2分20秒）加熱する。

3 ❶、❷のあら熱が取れたら、ボウルに合わせ、Aを入れて全体がなじむようにかき混ぜる。

4 器に卵、片栗粉、水、サラダ油を入れて菜箸でよく混ぜる。耐熱皿にラップを敷き、その上に卵液を広げ入れる。ラップはかけずに電子レンジで1分（500Wなら1分10秒）加熱し、卵に完全に火が通ったら取り出す。

5 ラップごと皿からはがしてまな板の上に裏返しておき、薄焼き卵をはがす。

6 ❺に❸をのせて巻き、太巻き状に切り分ける。

めんどうな下ゆで不要　栄養丸ごとレンチン副菜

FOODSTUFF 3
アスパラガス

焼いたり炒めたり、サラダにしたりと使い勝手抜群な野菜。
下のかたい部分に火が通りにくいため、
電子レンジで下ごしらえをしておくと調理も時短につながります。

アスパラガスの レンチン方法

1 根本のかたい部分を切り落として下から1/3くらいの皮をピーラーでむく。

スゴ技！

POINT

2 水を含ませて絞ったペーパータオルとラップで包み、電子レンジ（600W）で1分～1分30秒（500Wなら1分10秒～1分50秒）加熱する。

サラダなどに使う場合は、加熱後、ラップのまま冷水にさらすと鮮やかさをキープできます。傷みやすいので早めに食べきりましょう。

子どもと一緒にアスパラをさして
ツナマヨアスパラ

材料（2人分）

- アスパラガス——2本
- ちくわ——2本
- ツナ缶——1/2缶
- マヨネーズ——大さじ2
- 黒こしょう——少々

作り方

1. アスパラガスは根本のかたい部分を切り落として下から1/3くらいの皮をピーラーでむく。水を含ませて絞ったペーパータオルとラップで包み、電子レンジ（600W）で1分〜1分30秒（500Wなら1分10秒〜1分50秒）加熱する。
2. ❶のあら熱が取れたらちくわの穴にしっかりとさす。2cm長さに切って器に盛る。
3. ツナ缶は缶汁をしっかりときり、マヨネーズと混ぜ合わせる。
4. ❷に❸をかけ、黒こしょうをふる。

タケムラMEMO
ちくわからアスパラガスがはみ出た場合は、その部分だけ集めて「アスパラ昆布」にするのもおすすめ。

ふわっとしたとろろ昆布と塩昆布をかけるだけ
アスパラ昆布

材料（2人分）

- アスパラガス——4本程度
- とろろ昆布——適量
- 塩昆布——10g

作り方

1. アスパラガスは根本のかたい部分を切り落として下から1/3くらいの皮をピーラーでむく。水を含ませて絞ったペーパータオルとラップで包み、電子レンジ（600W）で1分〜1分30秒（500Wなら1分10秒〜1分50秒）加熱する。
2. 食べやすい大きさに切り分けて器に盛り、とろろ昆布、塩昆布をかける。

タケムラMEMO
メインに時間がかかるので副菜になんて時間かけてられないという方に！実働時間はおそらく1分未満！

ベーコン、バター、アスパラの最強タッグ
アスパラおむすび

材料（2人分）

- アスパラガス——2本
- ごはん——茶碗2杯分
- 薄切りベーコン——4枚
- A｜バター——10g
- ｜塩、黒こしょう——各少々

作り方

1. アスパラガスは根本のかたい部分を切り落として下から1/3くらいの皮をピーラーでむき、5mm幅の輪切りにする。
2. 耐熱皿にベーコンをのせ、ふんわりとラップをかけて（電子レンジ600W）で1分（500Wなら1分10秒）加熱する。
3. 耐熱ボウルに❶、Aを入れ、ラップをかけて電子レンジで1分30秒（500Wなら1分50秒）加熱する。
4. 取り出し、ごはんを加えてよく混ぜ、なじむまで少しおく。俵型のおむすびにし、ベーコンでくるっと巻く。

タケムラMEMO
これさえ作れば、お弁当にごはんとアスパラベーコンを分けて入れる必要なし！

FOODSTUFF 4
なす

揚げもの、炒めもの、煮ものなど万能に使えるけれど、アク抜きが必要、色が変わりやすいなど少しコツの必要な野菜。電子レンジなら鮮やかさと水分を保ちしっとり仕上げます。

なすの レンチン方法

1 ヘタの部分を切り落とし、皮をピーラーでむく。そのまま10分ほど水にさらしてアク抜きをする。

2 水気を軽くきって耐熱皿に並べる。ラップをかけて電子レンジ（600W）で3分（500Wなら3分40秒）加熱する。大きいなすの場合は4分（500Wなら4分50秒）加熱。

3 少しあら熱が取れてきたらやけどに注意しながら手でさく。

POINT スゴ技！

水分を吸うなすは、P.103「なすのピリ辛煮浸し」や「とろとろなすみそ」のように調味料と一緒に加熱すると一発で味が決まります。

ほろっとなすにしょうがのアクセント
なすのピリ辛煮浸し

材料（2人分）
- なす——2本
- A
  - めんつゆ（二倍濃縮タイプ）
    ——大さじ3
  - みりん——大さじ1
  - ごま油——大さじ1/2
  - とうがらしの輪切り
    ——1/2本分
- しょうがの薄切り——2枚
- 白いりごま——適量
- 小ねぎの小口切り——適量

作り方
1. なすはヘタを取って縦半分に切り、表面に格子状の切り目を入れる。水にさらし、10分ほどおいてアク抜きをする。
2. 耐熱ボウルにAを混ぜ合わせる。水気をきった❶を加え、なす全体に調味料を絡めてから、ふんわりとラップをして電子レンジ（600W）で5分（500Wなら6分）加熱する。
3. 取り出し、ラップをかけたまま5分ほどおいて味をなじませる。
4. 器に盛り、せん切りにしたしょうが、白いりごま、小ねぎをかける。

タケムラMEMO
冷やして食べるのもおすすめ！ ④のめんつゆのあら熱が取れたら、冷蔵庫で1時間ほど冷やし、ヒエヒエのめんつゆをかけて食べましょう！

丸ごとチン！で大革命
スタミナ焼きなす

材料（2人分）
- なす——2本
- めんつゆ（二倍濃縮タイプ）
  ——大さじ1〜2
- とうがらしの輪切り（好みで）
  ——1/2本分
- にんにくのすりおろし
  （好みで）——2かけ分
- 削り節——適量
- 小ねぎの小口切り——適量

作り方
1. なすはヘタの部分を切り落とし、ピーラーで皮をむく。水にさらし、10分ほどおいてアク抜きをする。
2. 耐熱皿に水気をきった❶をのせ、ラップをかけて電子レンジ（600W）で4分（500Wなら4分50秒）加熱する（なすが小さい場合は3分（500Wなら3分40秒））。
3. 取り出してあら熱を取り、やけどに注意しながら手でさく。
4. 耐熱ボウルにめんつゆ、とうがらしを入れ、ラップをかけずに20秒（500Wなら30秒）ほど加熱する。
5. ❸を器に盛って❹をかけ、にんにくをのせ、削り節、小ねぎを散らす。

パンチのある甘辛みそで白米がすすむ！
とろとろなすみそ

材料（2人分）
- なす——3本
- A
  - みそ——大さじ1
  - 酒——大さじ1
  - 砂糖——小さじ2
  - ごま油——小さじ1
  - しょうがの薄切り——2枚
  - にんにく——1かけ
  - とうがらしの輪切り
    （好みで）——1/2本分
- 青じそ——2枚

作り方
1. なすはヘタを取って縦半分に切り、1cm厚さの半月切りにする。水にさらし、10分ほどおいてアク抜きをする。
2. Aのしょうが、にんにくはみじん切りにし、残りのAと混ぜ合わせる。
3. 耐熱ボウルに水気をきった❶を入れ、❷をかける。ふんわりとラップをかけて電子レンジ（600W）で5分（500Wなら6分）加熱する。
4. 取り出してよくかき混ぜ、味を均一にしてから器に盛り、せん切りにした青じそを散らす。

タケムラMEMO
合わせ調味料さえ作れば、レンチン1発で完成するなす料理の定番レシピ！

めんどうな下ゆで不要 栄養丸ごとレンチン副菜

FOODSTUFF 5
玉ねぎ

生のシャキシャキ感、加熱すれば甘くてやわらかな食感が楽しめる野菜。
電子レンジ＋玉ねぎは、丸ごと調理できたり、
同じ食材なのに違う味わいを生み出せるおもしろさがあって好相性。

玉ねぎの　レンチン方法

1 玉ねぎはみじん切りにして耐熱ボウルに入れ、ラップをかけて電子レンジ（600W）で3分（500Wなら3分40秒）加熱する。

2 玉ねぎドレッシング、ハンバーグのタネなどに使えます。さらにあめ色にしたい場合は電子レンジでもう一度3分加熱してください。深みのある味わいになります。

スゴ技！

POINT

P.16「玉ねぎ丸ごとカレー」やP.105「玉ねぎの冷製ポタージュ」では、玉ねぎを丸ごと使っています。甘みとうまみが凝縮されて料理の味が格段にアップしますよ。

食べにくいけど肉汁と玉ねぎの甘みが絶品！
玉ねぎバーガー

タケムラMEMO
かなりお遊び要素の強めなレシピですが、子どもも大人もちょっとテンションの上がっちゃうと思いません？

材料（1人分）
- 玉ねぎ——1個
- 合いびき肉——100g
- A
  - 塩、粗びき黒こしょう——各少々
  - ナツメグ——適量
- 小麦粉——小さじ1
- トマト（1cmの輪切り）——1枚
- B
  - トマトケチャップ——大さじ1
  - 中濃ソース——小さじ1
  - 粒マスタード——小さじ1

作り方
1. 玉ねぎは上下を切り落とし、横3等分の輪切りにする。
2. ボウルにひき肉、Aを加えて粘りが出るまでよく混ぜる。タネを等分にし、玉ねぎの大きさに合わせて平らになるように成形する。
3. ❶の玉ねぎの切り口となる部分と、❷の肉ダネに小麦粉をまぶし、玉ねぎとひき肉を交互に重ねる（写真参照）。

4. 全体をラップで包み、耐熱皿にのせて電子レンジ（600W）で5分（500Wなら6分）加熱する。
5. 取り出してラップをそっとはがし、一番上の玉ねぎの下にトマトをはさむ。全体が崩れそうならピックなどを刺す。
6. 器に盛り、混ぜ合わせたBをかける。

"玉ねぎだけ"とは思えない満足感
W玉ねぎサラダ

材料（1人分）
- 玉ねぎ——1個
- A
  - ポン酢——大さじ2
  - オリーブ油——大さじ2
  - ごま油——大さじ1
  - 砂糖——小さじ1

作り方
1. 玉ねぎ1/2個は薄切りにして水にさらす。
2. 残りはみじん切りにし、電子レンジ（600W）で3分（500Wなら3分40秒）加熱する。
3. ボウルにAを混ぜ合わせ、あら熱を取った❷を加えて混ぜ、冷蔵室で冷やす。
4. ❶の水気をしっかりときって器に盛り、❸のドレッシングをかける。

玉ねぎってこんなに甘かったのね（涙）
玉ねぎの冷製ポタージュ

材料（2人分）
- 玉ねぎ——1個
- バター——30g
- A
  - 水——100ml
  - 牛乳——100ml
  - 生クリーム——30ml
  - 塩——小さじ1
- 乾燥パセリ——少々
- 黒こしょう——少々

作り方
1. 玉ねぎは上下を切り落として皮をむき、切り込みを入れる。バターは4等分にし、玉ねぎの切り込みにはさむ（P.104参照）。下からラップで包み、電子レンジ（600W）で6～7分（500Wなら7分10秒～8分20秒）と、少し強めに加熱する。
2. 取り出し、あら熱が取れたら、Aとともにミキサーに入れ、撹拌する。
3. ❷を冷蔵室でしっかりと冷やし、器に注いでパセリ、黒こしょうを散らす。

タケムラMEMO
玉ねぎを少し強めに加熱するのがポイント！ 甘みとうまみが凝縮されておいしいスープになります！

めんどうな下ゆで不要 栄養丸ごとレンチン副菜

PART 5

FOODSTUFF 6
きのこ

和、洋、中どんな料理にも合うから使い勝手がよく、食物繊維が豊富で体にもうれしい健康食材。うまみ成分が豊富なため、栄養を逃さない電子レンジ調理が大活躍！

きのこの　レンチン方法

1 まいたけ、しめじは石づきを取って小房に分ける。エリンギは石づきを取って薄切り、えのきだけは石づきを取ってほぐす。

2 それぞれラップをかけ、電子レンジ（600W）で3分（500Wなら3分40秒）加熱する。きのこから水分が出るので水などでぬらさなくてOK。

スゴ技！　POINT

P.107「きのこのキッシュ」のように、調味料とともにきのこをどっさりまとめてチンすることも可能。凝縮されたうまみとバターのコクがたまりません！

きのこよりもカリカリチーズに感動！（じゃあチーズのレシピじゃん！）
きのこバターのチーズせんべい添え

材料（2人分）
- まいたけ——1/4袋
- しめじ——1/4袋
- しいたけ——1枚
- 塩、こしょう——各少々
- バター——10g
- スライスチーズ——1枚

作り方
1. まいたけ、しめじは石づきを取ってみじん切り、しいたけは軸を取ってみじん切りにする。
2. ❶を耐熱皿に入れて塩、こしょうをふり、バターをのせる。ラップをかけて電子レンジ（600W）で3分（500Wなら3分40秒）加熱する。
3. スライスチーズを縦、横3等分に切り、クッキングシートにそれぞれ2cmほど間隔をあけながら並べる。ラップはかけずに電子レンジで2分（500Wなら2分20秒）加熱する。チーズに焼き目が付き、カリカリになったら取り出す。
4. ❷を器に盛り、❸を添える。

タケムラMEMO
チーズは溶けるタイプでも溶けないタイプでもどちらでもOK！ チーズせんべいにきのこバターをのせて召し上がれ！

タケムラMEMO
別名・アワビ茸と呼ばれるエリンギを、本当のアワビのように刺し身にして食べてしまおうという発想から生まれたお手軽なおつまみレシピ。ビールや日本酒のアテに最高です！（私、お酒飲めませんけど）

細目にして見たらもうあわびの刺身！（そうか？）
エリンギのお刺身

材料（2人分）
- エリンギ——2本
- だし汁——200ml
- 塩——小さじ1
- わさび——適量

作り方
1. エリンギは長さを半分にし、縦3mm幅の薄切りにする。
2. 耐熱ボウルに❶、だし汁、塩を入れ、ラップをかけて電子レンジ（600W）で3分（500Wなら3分40秒）加熱する。
3. 取り出し、ラップをかけたまましばらくおく。エリンギのあら熱が取れたら、ペーパータオルで水気を軽くふき取り、器に盛ってラップをかけ、冷蔵室で1時間ほど冷やす。
4. わさびを添え、つけながらいただく。

きのこのうまみとバターのコクが最高
きのこのキッシュ

材料（2人分）
- しめじ、まいたけ、えのきだけ——各1/2袋
- しいたけ——2枚
- エリンギ——1本
- 白ワイン——大さじ1
  （なければ酒大さじ1）
- バター——10g
- 卵——2個
- 牛乳——100ml
- 塩——小さじ1/2
- 黒こしょう——適量
- ピザ用チーズ——50g

作り方
1. しめじ、まいたけは石づきを取って小房に分ける。えのきだけは石づきを取って長さを3等分にする。しいたけは軸を取って薄切りにする。エリンギは長さを半分にして薄切りにする。
2. グラタン皿に❶、白ワイン、バターを入れ、ふんわりとラップをかけて電子レンジ（600W）で3分（500Wなら3分40秒）加熱し、酒蒸しにする。
3. ボウルに卵、牛乳、塩、こしょうを入れて混ぜ、❷に流し入れる。ピザ用チーズをたっぷりとのせて電子レンジで7～8分（500Wなら8分20秒～9分40秒）加熱し、卵がしっかりと固まれば完成。

タケムラMEMO
最初のきのこ類の加熱はワインとバターの風味づけのためのものなので加熱は控えめに。卵と合わせた後にしっかり火を通すのであまりしんなりとなってしまわないように加熱時間には注意しましょう！

107

FOODSTUFF 7
豆腐

栄養抜群、使い道万能、リーズナブルさは最強な豆腐。
電子レンジを使えば面倒な水切りも簡単に短時間でできちゃいます。
豆腐の水分を利用したヘルシー料理も紹介。

豆腐の **レンチン方法**

1 豆腐をペーパータオルで包む。

2 耐熱皿にのせ、ラップはかけずに電子レンジ（600W）で1分（500Wなら1分10秒）加熱する。

3 水切り後はこのような状態。炒めもの、サラダ、ハンバーグなどのタネなどに使えます。

スゴ技！

POINT 豆腐は丸ごと使えて、「食べるときに崩す」「つぶしながら混ぜ合わせる」など、包丁なしでも変幻自在。

見た目のインパクトと手軽さはピカイチ！
自分好みの麻婆豆腐

材料（1人分）

豚ひき肉——100g
絹ごし豆腐——1丁
A｜水——200ml
　｜酒、しょうゆ——各大さじ1
　｜みそ、オイスターソース、
　｜ごま油、片栗粉——各大さじ1/2
　｜砂糖、豆板醤、鶏ガラスープの素
　｜——各小さじ1
　｜しょうがのみじん切り——1かけ分
　｜にんにくのみじん切り——1枚分
　｜ねぎのみじん切り——1/2本分
　｜粉山椒——（好みで）適量

作り方

1. 豆腐は、P.108を参照しながら水切りをする。

2. 耐熱ボウルにAを混ぜ合わせる。ひき肉を加えてよく混ぜ、ラップをかけて電子レンジ（600W）で2分（500Wなら2分20秒）加熱する。取り出してよく混ぜる。この作業を1〜2度繰り返し、ひき肉に完全に火が通り、とろみがついたら麻婆の完成。

3. ❶を器に盛り、❷をかける。豆腐を崩しながらいただく。

タケムラMEMO
豆腐を自分好みに崩しながら食べる麻婆豆腐！大きめに崩すも良し、めちゃくちゃ崩してごはんにかけても最高！

あさり水煮缶のうまみが広がる
スンドゥブチゲ

材料（1人分）

絹ごし豆腐——1丁
豚バラ薄切り肉——200g
しめじ——1袋
にら——1束
にんにく——2かけ
A｜水——300ml
　｜酒、オイスターソース、
　｜ごま油——各大さじ1
　｜キムチ——200g
　｜塩、こしょう——各少々
あさり水煮缶——1缶
卵黄——卵1個

作り方

1. 豆腐は、P.108を参照しながら水切りをし、食べやすい大きさに切る。豚肉は食べやすい大きさに切る。しめじは石づきを取って小房に分ける。にらは食べやすい長さに切る。にんにくは薄切りにする。

2. 耐熱鍋に❶、A、あさりの水煮缶を缶汁ごと入れ、ふんわりとラップをかけて電子レンジ（600W）で5分（500Wなら6分）加熱する。豚肉に火が通っていることを確認し、卵黄をのせる。卵に火を通したい場合は、4分あたりで一度取り出して溶き卵を加える。

タケパパMEMO
あさりの水煮缶の汁は絶対に捨てないで！うまみの宝石箱やぁ！

型がなくてもボウルやタッパーでOK
豆腐蒸しパン

材料（4人分）

A｜絹ごし豆腐
　｜——150g（1/2丁程度）
　｜ホットケーキミックス
　｜——150g
　｜砂糖——大さじ3
フルーツグラノーラ
——適量 （なくてもOK！）

豆腐の水分を使って、ここまで混ぜ合わせます。

作り方

1. 耐熱ボウルにAを入れて粉っぽさが無くなるまでよく混ぜる（写真参照）。

2. ❶にフルーツグラノーラをのせ、ラップをかけずに電子レンジ（600W）で4分30秒（500Wなら5分20秒）加熱する。取り出し、ラップをかけてあら熱がとれるまでゆっくりと蒸す。切り分けて器に盛れば完成。

タケムラMEMO
加熱後にラップをかけて蒸すのがもっちり仕上げる秘訣。ヨーグルトを大さじ1程度混ぜるとさらにもっちり！

めんどうな下ゆで不要、栄養丸ごとレンチン副菜

FOODSTUFF 8
油揚げ

少し加えるだけでうまみをプラスしてくれて
煮汁などのうまみはしっかりと吸ってくれる陰の立役者。
電子レンジなら面倒な油抜きも、カリカリ油揚げチップスもおまかせ！

油揚げの 油抜き方法

1 耐熱皿の上にペーパータオルを敷き、画像のように油揚げをおく。ラップはかけずに電子レンジ（600W）で30秒（500Wなら40秒）加熱する。

2 取り出し、ペーパータオルを油揚げの上に折りたたみ、手で押さえつけるようにして油をふき取る（やけどに注意）。

スゴ技！

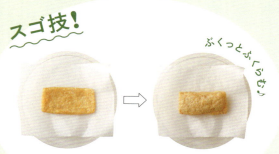

ぶくっとふくらむ♪

POINT

カリカリ♪

ペーパータオルに油揚げをのせ、ラップをかけずに電子レンジ（600W）で5分（500Wなら6分）加熱すると、カリカリの油揚げに！

砕いてサラダにかけたり、パン粉として使うのも◎。

油揚げがサクサク衣に大変身！
きつねコロッケ

材料（2人分）
- 油揚げ──1〜2枚
- 合いびき肉──100g
- じゃがいも──3個
- 玉ねぎ──1/2個
- バター──15g
- A
  - 顆粒コンソメスープの素──小さじ2
  - 練乳──大さじ1（なければ砂糖小さじ1、牛乳小さじ1）
  - 塩、こしょう──各少々

作り方
1. コロッケのタネは、「P.18揚げないコロッケ」の作り方❷〜❻を参照して作る。
2. 油揚げは、耐熱皿の上においたペーパータオルにのせ、ラップはかけずに電子レンジ（600W）で30秒（500Wなら40秒）加熱する。取り出してペーパータオルを油揚げの上に折りたたみ、手で押さえつけるようにして油をふき取る（P.110参照）。
3. ❷をペーパータオルにのせてラップをかけずに5分（500Wなら6分）加熱する。油揚げがカラッカラの状態になったら好みの大きさに砕き、❶のコロッケにまぶす。

タケムラMEMO
サクサク油揚げは、塩、こしょうをするとヘルシーなスナック菓子に、砂糖とシナモンをまぶせばヘルシースイーツにも♪

タケムラMEMO
白菜は水分が多いので、ベチャッとした仕上がりにならないようにしっかりと水切りを！

ジューシーで食べごたえ満点！
きつねギョーザ

材料（1人分）
- 油揚げ──1枚
- 豚ひき肉──50g
- 白菜──1/2枚
- にら──1/5束
- にんにく──1かけ
- 塩、こしょう──各少々
- A
  - 酢──小さじ1
  - しょうゆ──小さじ1
  - ラー油（もしくは食べるラー油）──適量

作り方
1. 白菜、にら、にんにくはみじん切りにする。
2. 白菜のみじん切りを耐熱ボウルに入れ、電子レンジ（600W）で1分（500Wなら1分10秒）ほど加熱する。あら熱が取れたらギュッと水分を絞る。
3. ボウルに❶、❷、ひき肉、塩、こしょうを入れ、粘りが出るまでよく混ぜる。
4. P.110の手順で油抜きをした油揚げの端の部分をはさみなどで切り（写真参照）、油揚げを袋状に広げる。切り口から❸を詰め、耐熱皿にのせてラップをかけ、電子レンジで4分（500Wなら4分50秒）加熱する。
5. 食べやすい大きさに切って器に盛り、Aを添える。

大きな油揚げに詰められるだけ詰めちゃえ！
ドデカ爆弾いなり

材料（2人分）
- 油揚げ──1枚
- A
  - だし汁──100ml
  - しょうゆ──大さじ1強
  - 砂糖──大さじ2
- ごはん──茶碗2杯分
- B
  - 酢──大さじ1
  - 砂糖──大さじ1
  - 塩──少々
- 青じそ──2枚
- 白いりごま──適量

作り方
1. ボウルにAを混ぜ合わせる。油揚げはP.110の手順で油抜きする。
2. 耐熱皿に❶を入れ、ラップをかけて電子レンジ（600W）で1分30秒（500Wなら1分50秒）加熱する。一度取り出し、油揚げを裏返してからラップをかけ直してさらに1分30秒加熱する。そのまま冷めるまで室温におき、油揚げに味を浸透させる。
3. ボウルにごはん、Bを入れて混ぜ合わせ、刻んだ青じそ、いりごまを入れてさらに混ぜる。
4. ❷の長さを半分に切り、❸を詰める。

Column 4

何度もリピートするほど溺愛
常備しているおすすめ冷凍食品

仕事部屋にMY冷凍庫を置いているほど冷凍食品が大好き。
中でもこれは欠かせないと思うものを紹介します。

本格炒め炒飯
（ニチレイ）

冷凍炒飯のジャンルでは不動の一番人気！ 自家製のゴロゴロチャーシューが食べごたえバツグン！

麻婆茄子
（大龍）

米久さんの家庭用冷食「大龍シリーズ」！ こちらの麻婆茄子だけでなく、酢豚やエビチリなども本格的でメチャクチャおいしい♪

五穀ごはんと野菜を食べるカレー
（オーマイ）

ふんだんに入った野菜はたっぷり100g！！ トレー入りなので、そのままレンチンするだけでOK！！

やわらか若鳥から揚げ じゅわん鶏もも
（AJINOMOTO）

やわらかくてジューシーな若鶏のからあげが手軽に食べられる！ スパイシーさがクセになる一品。

肉だんご
（ケイエス）

弁当の大定番！ 国産の鶏肉と豚肉を使用して、肉のうまみたっぷり！

たけのこ入りあさりごはん
（テーブルマーク）

あさりと出汁のうまみがたっぷりとご飯に行き渡っていて、口の中に入れた瞬間に、それが一気に広がります！ アレンジレシピも紹介しているのでお試しあれ（P.116参照）。

さぬきうどん
（カトキチ）

我が家の冷凍庫で絶対に切らしたことがないのがコレ！ コシが強くもちもちのうどんがレンチン1発で食べられる。タケムラ流おすすめの食べ方はなんといってもかま玉うどん（P.82参照）。

Ren-chin Papa Takemura

PART 6

市販の冷凍食品に
みえない率100％!
レンチンだましめし

冷凍食品をこよなく愛する冷食愛好家として、
おすすめしたい冷食は数知れず。
でもただ冷食をチンするだけじゃ物足りないでしょ!
というところから生まれた"だましめし"。
ちょい足しレベルの簡単さなのに驚くほどグレードアップした料理は、
メインおかずとして食卓に並んでもおかしくない!

FROZEN FOOD

チャーハンだけで食べるよりもハマる人続出！
中華ちまき

調味料マニアのちょい足しのススメ

粒胡椒

生胡椒を一粒のせてパクリ！中華→洋風になるので不思議！

用意するもの

冷凍食品　　　　　＋　　　　　切り餅

ニチレイ「本格炒め炒飯」

材料（1人分）

ニチレイ「本格炒め炒飯」——250g
切り餅——1個

作り方

1 耐熱皿に「本格炒め炒飯」を平らになるように広げ、その上に水にくぐらせた切り餅をのせる。

2 ふんわりとラップをかけて電子レンジ（600W）でチャーハンのパッケージに記載されている時間通りに加熱する。

> ラップをかけて袋の表記通りに加熱

3 取り出したらすぐにへらで餅とチャーハンを練るようにして混ぜ合わせる。

> へらはゴムべら、シリコンべら、木べらどれでもOK！ どうしてもない場合はスプーンでも。

4 等分にしておむすび形にする。

> 100円ショップなどで購入できる「おにぎり型」を使うと簡単♪

タケムラ MEMO

家で中華ちまきなんて面倒くさくて絶対（ではないかもしれないけど）作りませんよね！ 冷凍ピラフや冷凍炊き込みごはんで作るのもおすすめです。一風変わったちまきが作れますよ！

市販の冷凍食品にみえない率100％！ レンチンだましめし

FROZEN FOOD

あさりのだしがきいて牛乳だけなのに濃厚!

和風クラムチャウダーリゾット

調味料マニアのちょい足しのススメ

生七味

ここまでやったらもう誰も冷食だなんて思いませんです。はい。

用意するもの

冷凍食品

テーブルマーク「あさりごはん」

牛乳

小ねぎ

材料（1人分）

テーブルマーク「あさりごはん」——150g
牛乳——150ml
小ねぎ——適量

作り方

1 「あさりごはん」は冷凍のまま耐熱ボウルに入れ、牛乳をかけてよく混ぜる。

2 ラップはかけずに電子レンジ（600W）で2分30秒（500Wなら3分）加熱する。

3 一度取り出してかき混ぜ、再びラップはかけずに2分30秒加熱する。

4 取り出して器に盛り、小ねぎを散らす。

タケムラ MEMO

このレシピは本当におすすめです！チャーハンやピラフ、チキンライスなどなど、バリエーションを変えて楽しんでくださいな！

市販の冷凍食品にみえない率100％！レンチンだましめし

FROZEN FOOD

このひと手間で冷食が一気にお店風に
油淋鶏（ユーリンチー）

調味料マニアのちょい足しのススメ

ゆずポン酢

ゆずの香りで揚げ物が爽やかに〜♪

用意するもの

冷凍食品　ニチレイ「特から」

＋　かんたん酢（なければ酢大さじ4、砂糖大さじ3）、ごま油、しょうゆ、にんにく、しょうが、ねぎ

材料（2人分）

ニチレイ「特から」——1袋

A
- かんたん酢——大さじ4
  （なければ酢大さじ4、砂糖大さじ3）
- しょうゆ——大さじ2
- ごま油——大さじ1強
- にんにく——2かけ
- しょうがの薄切り——4枚程度
- ねぎ——1/2本

【盛りつけ用】
- レタス——適量

作り方

1. Aのにんにく、しょうが、ねぎはみじん切りにする。ボウルにAをすべて入れ、混ぜ合わせておく。

2. 耐熱皿に「特から」を並べ、ラップはかけずに袋に記載されている時間通り加熱する。

   ラップはかけずに袋の表記通りに加熱

3. 器に❷を盛り、❶をかける。

タケムラMEMO

だましめしの真骨頂！ ただタレをかけるだけ！ 冷凍食品は日々進化し、どんどんおいしくなっていますが、カラッとした食感のからあげだけはどうしても越えられないハードル……でも味はとんでもなくおいしい！ それならタレをかけて、そもそもシャバシャバにしちゃえばいいじゃん！ という事で生まれたレシピでございます。

市販の冷凍食品にみえない率100％！ レンチンだましめし

FROZEN FOOD

コロッケとカツの衣がカレーパンの香ばしさを演出

プチカレーパン

調味料マニアのちょい足しのススメ

スリラチャ

カレー＋スリラチャは相性バツグンなのです！

用意するもの

冷凍食品　　　　　　　　　　　　　　　　食パン

ニチレイ
「牛肉コロッケ」

AJINOMOTO
「ジューシーメンチカツ」

＋

レトルトカレー

材料（1人分）

ニチレイ「牛肉コロッケ」──1個
AJINOMOTO
「ジューシーメンチカツ」──1個
レトルトカレー──大さじ1
食パン（8枚切り）──4枚

パンの切れ端はトーストにして
残ったレトルトカレーに浸して
食べるのはどうでしょう（笑）。

タケムラMEMO

トースターで焼くと焼きカレーパンとしておいしくいただけます♪

作り方

1 「牛肉コロッケ」と「ジューシーメンチカツ」は、ラップはかけずにそれぞれ袋に記載されている時間通り加熱する。

　　ラップはかけずに袋の表記通りに加熱

2 ボウルに❶を入れてマッシャーやフォークなどでつぶして混ぜ、レトルトカレーを加えてさらに混ぜる。

3 パンの上に❷を適量のせ、もう1枚のパンではさむ（具を多く入れすぎると次の工程でパンが破れてしまうので控えめに）。

4 はさんだパンの上から直径7〜8cmのコップをのせ、強めに押して丸型にくりぬく。

FROZEN FOOD

おにぎりが一気にグレードアップ！
和風肉巻きおにぎり

調味料マニアのちょい足しのススメ

ねぎ油

説明不要！（2回目）とにかく美味いんですものっっっ!!

用意するもの

ニチレイ「焼おにぎり」

冷凍食品

＋

豚バラ薄切り肉

白いりごま

焼肉のタレ

PART 6

材料（1人分）

ニチレイ「焼おにぎり」——2個
豚バラ薄切り肉——2枚
焼肉のタレ——大さじ1
白いりごま——適量

作り方

1 豚肉は切らずにボウルに入れ、焼肉のタレをかけてもみ込み、10分ほど漬け込む。

2 冷凍のままの「焼おにぎり」に❶を巻き、ラップでしっかりと包む。

3 耐熱皿にのせ、焼おにぎりの袋に記載されている時間通りに加熱する。

（袋の表記通りに加熱）

4 取り出して白いりごまをまぶす。

タケムラMEMO
トースターで焼き目をつけてあげると、より香ばしくなり、おいしく食べられます！

市販の冷凍食品にみえない率100％！ レンチンだましめし

FROZEN FOOD

カリカリのごはんせんべいが止まらない！
中華おこげ

調味料マニアのちょい足しのススメ

にくしょう

おこげを作る前にちょこっと入れてみて！

用意するもの

冷凍食品
ニチレイ「中華丼の具」

ごはん

ごま油

材料（1人分）

ニチレイ「中華丼の具」──1袋
ごはん──100g
ごま油──小さじ1

作り方

1 ごはんにごま油をかけてよく混ぜ合わせる。

2 クッキングシートに❶をのせ、もう1枚のクッキングシートではさむ。シートの上から手でごはんを平らにならし、せんべい状にする。

3 シートではさんだまま耐熱皿にのせ、電子レンジ（600W）で7分（500Wなら8分20秒）強様子を見ながら加熱する。取り出して食べやすい大きさに切る。

> クッキングシートではさんで**7分強**

4 「中華丼の具」を袋の表示時間通りに温めて器に盛り、❸をつけて食べる。

タケムラMEMO

クッキングシートではさむのが最大のポイント！ これをすることで両面がしっかりと揚がります！ おこげのカリカリ食感を楽しむのもよし、ひたしてやわらかくしてから食べるのもおすすめです。

PART 6 市販の冷凍食品にみえない率100％！ レンチンだましめし

焼そば入りお好み焼きはとにかくボリューム満点
モダン焼き

めんたいマヨ
調味料マニアのちょい足しのススメ
めんたいマヨに合わないものなんてない！……って誰かも言ってたなぁ。

用意するもの

冷凍食品　　　　　　　豚バラ薄切り肉、　　水　　小麦粉
　　　　　　　　　　　キャベツ
　　　　　　　　　　　　　　　　　　揚げ玉　　卵
NISSIN「日清焼そば」
　　　　　　　　　　　　顆粒和風だしの素

材料（1人分）

NISSIN「日清焼そば」——1袋
キャベツ——200g
豚バラ薄切り肉——150g
A 小麦粉——100ml
　水——100ml
　卵——1個
　顆粒和風だしの素——適量
　揚げ玉——適量
【盛りつけ用】
お好み焼きソース、マヨネーズ、
青のり、削り節——各適量

作り方

1 キャベツはせん切りにする。

↓

2 ボウルに❶、Aを入れてよく混ぜ合わせる。

↓

3 耐熱皿にクッキングシートを敷き、「日清焼そば」をのせる。袋に記載されている時間の半分の時間で加熱し、取り出してほぐす。

> ラップはかけずに袋の表記時間の半分加熱

4 ❸に❷をかけ、豚肉を1枚ずつ並べてのせる。

↓

5 ラップをかけて電子レンジ（600W）で9分（500Wなら10分50秒）加熱する。

> ラップをかけて**9**分

6 好みでソース、マヨネーズ、青のり、削り節をかける。

タケムラMEMO

ポイントは「焼そば」を半解凍にすること！ 袋の記載通りに加熱してしまうと、その後の加熱によって加熱し過ぎになってしまうからです。焼そばは取り出したときにしっかりほぐしましょう。

市販の冷凍食品にみえない率100％！ レンチンだまめし

FROZEN FOOD

ツルツルさっぱり！ にんにくがアクセント
トルコ風 水ギョーザ

山椒のラー油
調味料マニアのちょい足しのススメ
和風？ 中華風？ トルコ風？ おいしさに国境はないのであります。

用意するもの

冷凍食品
AJINOMOTO「ギョーザ」

＋

ヨーグルト

トマトソース

にんにく

材料（1人分）

AJINOMOTO「ギョーザ」──6個
A ┃ トマトソース──大さじ2
　┃ ヨーグルト（プレーン）──大さじ1
　┃ にんにく（チューブ）──5mm程度
【盛りつけ用】
ベビーリーフ──適量

作り方

1 耐熱ボウルに冷凍のまま「ギョーザ」を入れ、完全に浸るまで水（分量外）を加える。

2 ラップはかけずに電子レンジ（600W）で7分（500Wなら8分20秒）加熱する。

ラップはかけずに**7**分

3 Aは混ぜ合わせておく。

4 ギョーザをザルにあけて水気をきり、器に盛って❸のソースをかける。

タケムラMEMO

冷凍ギョーザの最大の難点は電子レンジ調理ができないという事！パリパリの羽根つきを作ったりするのは不可能。それなら焼かずに煮ちゃえ！という逆転？の発想で生まれたレシピです。

トルコでは、これをマントゥといいます。トルコ・風水ギョーザじゃないですよ。トルコ風・水ギョーザですからね！食べても運気とか上がりませんから！

PART 6

市販の冷凍食品にみえない率100％！レンチンだましめし

Column 5

「調味料マニアのちょい足しのススメ」で紹介
料理がさらにおいしくなる調味料10選

本書で紹介するレシピはもちろん、料理をよりおいしく仕上げるポイントはなんだと思いますか？ それは「おいしい調味料」です。
例えば「煮物を作ろう！」と思った時にしょうゆやみりんから作ろうとする人なんていないですよね？ いや、いるかもしれないけれど、そんな料理の鉄人はレシピ本なんてそもそも見ないと思います。はい。
そう！ 調味料からは作らない！ 作れない！ だからこそ、調味料にはこだわって欲しい！
「でも〜おいしい調味料ってお高いんでしょう〜？」
そうなんです……お高いんです……。一般的な調味料と比較したら2倍、3倍の値段のものも……。
だがしか〜し！ 考えてみてください。一度の料理で使う調味料の量なんてたかが知れてるんです！ 例えば、1人前の肉じゃがを作るのに必要なしょうゆの量を大さじ1（15ml）とした時、300mlで500円する高級調味料を使っても1人前にかかるコストはわずか25円！ 25円の差で味が格段に変わるんだったら使ってみちゃおっかな〜って思いませんか？
そう思った方のために私が厳選したおすすめの調味料を100種類！ と、言いたいところなんですが、ページにも限りがありますので、今回は完成した料理にほんのすこ〜しちょい足しするだけで、格段に料理がおいしくなる調味料を中心に超厳選の10種類をご紹介したいと思います。PART1.4.6の「調味料マニアのちょい足しのススメ」で、どの調味料をちょい足ししたらよいか紹介しているので、ぜひ参考にしてみてくださいませ。

スリラチャの赤備え
（サンフレッシュ）

辛いもの好きな方に常備して頂きたいのがコチラ！ タイ生まれのホットソースなんですが、アメリカでは爆発的な人気を誇る万能調味料なんです。とうがらしとにんにくを中心に野菜エキスもたっぷり入っているので辛いだけではなくうまみもバツグン！ パスタやピザにはもちろん、中華や和食にも相性バッチリ。

トリュフソルト
（ファイブスタートレーディング）

イタリア産の黒トリュフと沖縄の海水を使用した国産の熟成塩を合わせたトリュフ塩！ トリュフの香りが素材そのものや、料理の味を引き出してくれます。中でも、卵料理には本当に本当によく合う！！

まるごと国産生七味
（会津高砂屋）

全てが国産原料で作られた超こだわりの生七味！ メインとなる出雲産の神出雲唐辛子をはじめ、会津産のしその実、山椒の実、エゴマ、高知県馬路村産ゆず陳皮、和歌山県産あおさのり、国産天日塩……七つの味が一体となった最高の一品です！

ポン酢しょうゆゆずの村
（馬路村農業協同組合）

おとなりでご紹介している生七味にも馬路村産のゆずが使われていますが、馬路村のゆずは本当においしい！！ スーパーなどでも定番となっている商品なのでご存知の方も多いかと思いましたが、紹介せずにはいられませんでした。肉、野菜、魚、どんな食材にも合う！ 合う！ 合う！ 生野菜にぽん酢しょうゆと刻み海苔をかけるのが私のおすすめです♪

塩漬け粒生こしょう
（オーガニックミー）

生胡椒……聞き慣れない方もいらっしゃるかと思いますが、読んで字のごとく、乾燥させていない生の胡椒でございますす。それを塩漬けにしたのがコチラの商品。初めて食べた時は、口の中にブワッと広がる鮮烈かつ芳醇なスパイスの風味に圧倒され、その場に立ちすくみ、感動の涙を流すほど……というのは大袈裟としても、とにかく感動しまくったのを覚えています。おすすめはなんといっても肉！ ステーキに生胡椒……想像だけでおいしいのわかるでしょ？（ニヤリ）

レフェッレ フレーバード・オリーブオイルレモン風味（レフェッレ）

世界中のシェフが愛用している（らしい）イタリアのオリーブオイルブランドのフレーバーオイル。様々なフレーバーの中で私がおすすめするのが、このレモンフレーバー。上質なオリーブオイルの風味は損ねることなく、レモンの爽やかな風味がプラスされ、様々な食材や料理にベストマッチな逸品に仕上がってます。トーストにちょこっと添えて出すだけで「一流ホテルの朝食かよッ！」とうれしいツッコミをいれられちゃうこと、間違いなし。

山椒のラー油（黄金とうがらし）
（伍八山椒堂）

京都の伏見稲荷にある、ちりめん山椒の名店が作った絶品の食べるラー油です。出会いはちりめん山椒からだったのですが、コチラのちりめん山椒のおいしいこと。こんなにもおいしいちりめん山椒を作る名店さんの調味料がおいしくないわけはない！ と思って購入したのがきっかけですが、今ではちりめん山椒よりも高頻度で購入する、我が家の常備調味料となりました。まずは炊きたて熱々の白ごはんにたっぷりかけて召し上がれ♪

めんたいマヨネーズタイプ
（やまや）

福岡で知らぬ者なし！ やまやの明太子！明太子がおいしければ、めんたいマヨも当然おいしい。私が料理プロデュースをさせて頂いた食フェスのレシピでも、コチラのめんたいマヨを使わせて頂きまして、大好評を得ることが出来ました。根っからのマヨラーでもある私がおすすめする、めんたいマヨ！ 何にでも合うので、あらゆるものにかけてみてください！

花の岬「香々地（かかぢ）」
男のねぎ油（油花）

純国産菜種油「ナナシキブ」に豊後高田市名産の白ネギの風味を加えた激ウマのねぎ油です！「男のねぎ油」という商品名ですが、もちろん女性にもおすすめ。唐辛子を効かせたガツンとパンチのある辛みと共にやってくる、白ねぎの豊かな風味!! チャーハンを炒める際に風味付けに使われる方も多いと思いますが、コチラの商品はぜひ、作った後のチャーハンにサッとひとかけしてください！

にくしょう
（まるはら）

みなさんは「魚醤（ぎょしょう）」ってご存知ですか？「ナンプラー」という名称の方が一般的かもしれません。魚醤は魚を塩漬けにし、発酵させて作る調味料なんですが、この「にくしょう」はなんとッ！「肉で作った醤油」なんです!!!!!!!!!!!!!!? びっくりマーク多すぎ。大分県産の地鶏のレバーと心臓を塩漬けにし、熟成させたこの調味料は平安時代に作られていたものを再現したものなんですって！ 肉無しの料理に肉の風味をプラスしてくれる絶品調味料ですよ！

料理がさらにおいしくなる調味料10選

Column 6

料理のバリエーション広がる！
食材別加熱の目安と便利ワザ

少量の野菜を下ゆでしたり、皮をつるっとむいたり、ベーコンをカリカリにしたり……
電子レンジは驚くほど万能！　覚えておけば毎日の料理に大活躍！

ターンテーブル型

均等に両端におきましょう

フラットテーブル型

真ん中におきましょう

【 淡色野菜 】

大根
5cmを1cm幅のいちょう切り（または半月切り）にし、耐熱皿にのせて水大さじ1程度をふる。ラップをかけて5分（500Wなら6分）加熱。

冷凍大根

P.71では、大根をラップで包んで1日冷凍した、冷凍大根を使用。やわらかく仕上げたい場合は10分（500Wなら12分）加熱。

もやし
なるべく平らになるように耐熱皿に並べ、ラップをかけて1/2袋（100g）につき1分（500Wなら1分10秒）加熱。

かぶ
皮をむいて耐熱皿にのせ、ラップをかけて4分（500Wなら4分50秒）加熱。

ごぼう
1/2本を乱切りにして水にさらし、水気をきって耐熱皿にのせる。ラップをかけて2～3分（500Wなら2分20秒～3分40秒）加熱。

れんこん
5cmを乱切りにして水にさらし、水気をきって耐熱皿にのせる。ラップをかけて2分（500Wなら2分20秒）加熱。

白菜
2枚程度をざく切りにして耐熱皿にのせ、ラップをかけて2分（500Wなら2分20秒）加熱。

キャベツ
2枚程度をざく切りにして耐熱皿にのせ、ラップをかけて1分30秒（500Wなら1分50秒）加熱。

とうもろこし
皮はむかず、ラップもかけずにそのまま電子レンジ（フラットテーブル）の真ん中におく。そのまま5分（500Wなら6分）加熱。

つるっと皮がむけるワザ

とうもろこしの下3cm程度を切り落とし、ひげの部分を持って上下にふる（やけどに注意）。

【青豆野菜】

さやいんげん

1袋（100g）は、ヘタを取って水にくぐらせる。ラップで包み、1分30秒（500Wなら1分50秒）加熱。加熱後すぐに冷水につけると鮮やかに仕上がります。

さやえんどう

1/2袋（25g）はヘタと筋を取って水を少しふりかけ、ラップで包んで30秒（500Wなら40秒）加熱。1袋分（50g）程度なら1分加熱。加熱後すぐに冷水につけると鮮やかに仕上がります。

【緑黄色野菜】

切れないとき

かぼちゃ

切れないとき／1/4個をラップで包み、皮が下にくるようにしておき、5分（500Wなら6分）加熱する。**完全に火を通したいとき**／上記の方法で5分加熱したあと、上下をひっくり返してさらに5分加熱する。

破裂に注意

オクラ

1/2袋（4〜5本／50g）は、ガクのかたい部分を切る。竹串や爪楊枝などで数か所穴をあけるか、包丁で少し切り込みを入れる。ラップで包み30秒〜1分（500Wなら40秒〜1分10秒）加熱。

パプリカ

1/2個（50g）は、ヘタと種を取って縦1cm幅に切る。ラップで包んで40秒〜1分（500Wなら50秒〜1分10秒）加熱。

にんじん

1/2本（100g）は、皮をむいて乱切りにし、耐熱皿にのせて水大さじ1程度をふる。ラップをかけて5分（500Wなら6分）加熱。

小松菜

1/2束（100g）は根元の部分を切り落とす。ラップで包み2分30秒（500Wなら3分）加熱する。

チンゲン菜

1株（120g）は根元の部分を切り落とす。ラップで包み2分30秒（500Wなら3分）加熱する。

食材別加熱の目安と便利ワザ

【いも類】

このパターンでもOK

つるっと皮がむけるワザ

ペーパーで包むとしっとり仕上がる

じゃがいも

じゃがいも3個は水洗いし、水を含ませて絞ったペーパータオルとラップでそれぞれ包み、9分（500Wなら10分50秒）加熱。途中裏返すとまんべんなく火が通ります。

じゃがいも2個は水洗いして耐熱皿にのせ、間に水を含ませて絞ったペーパータオルをおく。ラップをして4～5分（500Wなら4分50秒～6分）加熱。

加熱後、取り出したじゃがいもを写真のように上からつぶす。そうすると、皮がつるっとむけます。

つるっと皮がむけるワザ

下部に空洞を作ることで加熱ムラを防ぎます

レンチンでホカホカ蒸しいも

里いも

3個（100g）は水洗いして耐熱皿にのせ、ラップをかけて2分（500Wなら2分20秒）加熱。途中裏返すとまんべんなく火が通ります。加熱が足りない場合は30秒～1分追加で加熱する。

加熱後取り出した里いもは、熱々のうちにペーパータオルやふきんでくるんでいもを上に押し出すようにすると、皮がつるんとむけます。

やけどに注意して

さつまいも

小1本（約100g）は水を含ませて絞ったペーパータオルとラップで包む。さつまいもよりも小さい耐熱の器にのせ、**200W**で15分加熱。間違えて600Wでやると、燃えてとんでもないことに！←経験済み

蒸しいもを使った簡単レシピ♪
レンチン大学いも

材料（1人分）

蒸しさつまいも——1本分
A 砂糖——大さじ3
　水——大さじ1
　はちみつ——大さじ1
　塩——少々
黒いりごま——適量

作り方

1 「蒸しさつまいも」は乱切りにする。

2 耐熱ボウルにAと❶を入れ、ラップはかけずに電子レンジ（600W）で2分（500Wなら2分20秒）加熱する。

3 黒いりごまをまぶして全体にからめる。

タケムラMEMO

少し冷ましておくとあめが良い感じに固まってくるので、よりおいしい大学いもになりますよ！

【 卵 】

スクランブルエッグ

 → 1分チン →  ほぐすと → 1分チン →  ほぐすと → 完成

卵1個は耐熱ボウルに割りほぐす（甘めがよければ砂糖大さじ1加える）。ラップはかけずに電子レンジ（600W）で1分（500Wなら1分10秒）加熱する。取り出して泡立て器（無ければフォークなど）で混ぜる。卵に火が通るまで何度か繰り返す。

ポーチドエッグ

 破裂防止！ → 1分チン → 30秒チン → 完成

水をはった耐熱ボウルに卵を割り入れ、竹串などで黄身の部分に2〜3か所穴をあける。ラップはかけずに電子レンジで1分（500Wなら1分10秒）加熱。

この状態になったらひっくり返し、さらに30秒（500Wなら40秒）加熱。

薄焼き卵

 → 1分チン → ひっくり返すと →  完成

器に卵、片栗粉小さじ1/2、水小さじ2、サラダ油小さじ1を入れて菜箸でよく混ぜる。耐熱皿にラップを敷き、その上に卵液を広げ入れる。

ラップはかけずに電子レンジで1分（500Wなら1分10秒）加熱し、卵に完全に火が通ったら取り出す。

ラップごと皿からはがしてまな板の上に裏返しておき、薄焼き卵をはがす。

ゆで卵

アルミホイルのとがった部分や、かたまりができないように包むのがポイント

カラに穴をあけるグッズは100円ショップで簡単に手に入りますよ

卵1個は、穴をあけるかヒビを入れてアルミホイルで包み、耐熱容器に入れてひたひたに水を入れる（浮き出て頭が出ていてもOK）。ラップはかけずに電子レンジ（600W）で7分（500Wなら8分20秒）加熱する。固ゆでがよければ10分（500Wなら12分）。加熱後は水にさらして殻をむく。

【 だしをとる 】

削り節を煮干しやこんぶにしたり、合わせれば合わせだしに。

削り節15g、水400ml用意する。

耐熱ボウルに削り節と水を入れ、ラップをして電子レンジ（600）で2分（500Wなら2分20秒）加熱。

別のボウルの上に、ザルとペーパータオルを2枚重ねにして入れて削り節をこし、出汁をとる。

【 カリカリベーコン&ウインナーをつくる 】

ちっちゃ！可愛いっ！

ベーコン

ベーコン2枚はペーパータオルを敷いた耐熱皿に並べてのせ、その上にペーパータオルをかぶせる。ラップはかけずに電子レンジ（600W）で3分（500Wなら3分30秒）加熱。

様子を見ながら加熱し、このくらいカリカリになればOK。

ウインナーソーセージ

ウインナーソーセージ4本は輪切りにし、ペーパータオルを敷いた耐熱皿に並べてのせ、その上にペーパータオルをかぶせる。ラップはかけずに600Wで3分加熱。

様子を見ながら加熱し、このくらいカリカリになればOK。

カリカリベーコンとウインナーを使った簡単レシピ♪

ジャーマンれんこん

タケムラ MEMO

ホクホクのれんこんとカリカリベーコン＆カリカリウインナーと絶妙にマッチ！ イエローマスタードや粒マスタードをつけるとさらにおいしくなりますよ。

材料（2人分）
カリカリベーコン——適量
カリカリウインナー——適量
れんこん——1/2本
塩、こしょう——各少々

作り方

1 れんこんは皮を剥き、1cm幅の輪切りにする。

2 ❶に塩、こしょうをふり、耐熱皿にのせる。ラップをかけて電子レンジ（600W）で4分（500Wなら4分50秒）加熱する。

3 カリカリのベーコンとウインナーをのせる。

【 にんにくの皮をむく 】

にんにく1個は、下の部分を切り落として耐熱皿にのせる。ラップをかけずに30秒～1分（500Wなら40秒～1分10秒）加熱。

つるっと皮がむけるワザ

上から押し出すとスポッと飛び出します。

【 ガーリックチップスをつくる 】

にんにく1かけ分を薄切りにし、器に入れてオリーブ油をひたひたになるまで入れる。ラップをかけずに30秒（500Wなら40秒）加熱。取り出してかき混ぜ、さらに30秒加熱する。この作業をあと1回行い、トータル2分加熱。

カリカリになったらオリーブ油から取り出す。油にもにんにくの香りが移っているので、ガーリックオイルとして使うのもおすすめ。

【 サクサクパン粉をつくる 】

横にふるのがコツ！
縦にふるとキッチン中にパン粉吹雪が……

耐熱皿にパン粉60g、オリーブ油大さじ4～6を入れ、よく混ぜ合わせる。ラップをして電子レンジで1分（500Wなら1分10秒）加熱する。取り出して、ボウルを横にふるようにしてパン粉を少しシェイクし、再び1分加熱する。これを3回（計3分）行う。

このくらいこんがりとすればOK。

【 電子レンジのにおいをとる 】

柑橘系の香りはカレーなどのにおいや庫内にたまったにおいを軽減してくれます。レモンの皮には「リモネン」という成分が含まれていて、油汚れを落とす働きがあるので、加熱後にレモンの皮で庫内を軽くふき掃除するのもおすすめ。

不要になったレモンの皮を用意し、耐熱皿に入れる。

電子レンジで30秒（500Wなら40秒）加熱する。

素材別 INDEX

豚肉

おろし豚汁 ……………………………52
焼かない豚のしょうが焼き …………54
豚しゃぶおろしポン酢パスタ …………58
ポークチャップ ………………………66
スンドゥブチゲ ………………………109
和風肉巻きおにぎり …………………123
モダン焼き ……………………………126
●かたまり肉
コーラで煮込む豚の角煮 ……………20

牛肉

簡単プルコギ …………………………34
レンチン肉じゃが ……………………50
牛のしぐれ煮 …………………………56
ビーフシチュー ………………………65

鶏肉

マグカップで本格親子丼 ……………40
鶏肉のトマト煮込み …………………48
ゴロゴロ鶏の混ぜごはん ……………60
チーズタッカルビ ……………………64

ひき肉

●合いびき肉
揚げないコロッケ ……………………18
マグカップハンバーグ ………………26
ミートソースベース …………………72
にんにくボロネーゼ …………………73
じゃがバタミート ……………………73
イタリアンドライカレー ……………73

簡単タコライス ………………………82
玉ねぎバーガー ………………………105
きつねコロッケ ………………………111
●鶏ひき肉
鶏そぼろベース ………………………74
三色丼 …………………………………75
丸ごとかぶのそぼろあんかけ ………75
バンバンジー風・たたききゅうり …75
●豚ひき肉
本格レンチンしゅうまい ……………22
麻婆オールスターズ …………………28
豚肉みそベース ………………………70
肉みそ田楽 ……………………………70
韓国風・肉みそ冷や奴 ………………70
ねぎの七味肉みそマヨ ………………70
きつねギョーザ ………………………111

肉加工品

●ウインナーソーセージ
カマンベールチーズフォンデュ ……32
具だくさんポトフ ……………………36
●ハム
えのきのパスタサラダ ………………48
エスニックポテサラ …………………54
●ベーコン
カンタン・ナポリタン ………………30
カマンベールチーズフォンデュ ……32
具だくさんポトフ ……………………36
イタリアン焼UDON …………………38
ガーリックコンソメスープ …………58
ブロッコリーの粒マスタードあえ …97
ほうれん草のココット ………………99
アスパラおむすび ……………………101
●コンビーフ（缶詰）
玉ねぎ丸ごとカレー …………………16

魚

●えび
ブロッコリーえびマヨ ………………97

●さけ
SMMS（さけとミルクのみそスープ） ……………54
さけさけ蒸し ……………………………………56

●さば
タケムラ流・さばのみそ煮 ……………………24
バインミー …………………………………………66

魚介加工品（冷凍食品も含む）

●ちくわ
ツナマヨアスパラ …………………………………101

●さば（缶詰）
キャベツとさば缶のレンジ蒸し …………………52
サバーニャカウダ …………………………………58

●サンマのかば焼き（缶詰）
タケムラ流・無限ピーマン ………………………50

●ツナ（缶詰）
ツナマヨアスパラ …………………………………101

●冷凍シーフードミックス
魚介を食べるカレー ………………………………80
マグカップオムライス ……………………………88
ブロッコリーのシーフードあんかけ ……………97

野菜・きのこ類（缶詰・冷凍食品も含む）

●青じそ
とろとろなすみそ …………………………………103

●アスパラガス
ツナマヨアスパラ …………………………………101
アスパラ昆布 ………………………………………101
アスパラおむすび …………………………………101

●オクラ
納豆カレースープ …………………………………48

●かぶ
丸ごとかぶのそぼろあんかけ ……………………75

●キャベツ
具だくさんポトフ …………………………………36
イタリアン焼UDON ………………………………38
キャベツとさば缶のレンジ蒸し …………………52
キャベツの温サラダ ………………………………60

●きゅうり
えのきのパスタサラダ ……………………………48
エスニックポテサラ ………………………………54
サバーニャカウダ …………………………………58
バインミー …………………………………………66
韓国風・肉みそ冷や奴 ……………………………71
バンバンジー風・たたききゅうり ………………75

●じゃがいも
揚げないコロッケ …………………………………18
カマンベールチーズフォンデュ …………………32
具だくさんポトフ …………………………………36
納豆カレースープ …………………………………48
レンチン肉じゃが …………………………………50
おろし豚汁 …………………………………………52
エスニックポテサラ ………………………………54
じゃがバタみそ汁 …………………………………56
ビーフシチュー ……………………………………65
じゃがバタミート …………………………………73
きつねコロッケ ……………………………………111

●ズッキーニ
鶏肉のトマト煮込み ………………………………48

●大根
おろし豚汁 …………………………………………52
豚しゃぶおろしポン酢パスタ ……………………58
サバーニャカウダ …………………………………58
バインミー …………………………………………66
肉みそ田楽 …………………………………………71

●玉ねぎ
玉ねぎ丸ごとカレー ………………………………16
マグカップハンバーグ ……………………………26
カンタン・ナポリタン ……………………………30
簡単プルコギ ………………………………………34
マグカップで本格親子丼 …………………………40
鶏肉のトマト煮込み ………………………………48
レンチン肉じゃが …………………………………50
焼かない豚のしょうが焼き ………………………54
SMMS（さけとミルクのみそスープ） ……………54
玉ねぎバーガー ……………………………………105
W玉ねぎサラダ ……………………………………105
玉ねぎの冷製ポタージュ …………………………105

きつねコロッケ …………………………111

●トマト
イタリアン焼UDON …………………………38
鶏肉のトマト煮込み …………………………48
玉ねぎバーガー …………………………105

●カットトマト（缶詰）
簡単タコライス …………………………84

●なす
麻婆オールスターズ …………………………28
なすのピリ辛煮浸し …………………………103
スタミナ焼きなす …………………………103
とろとろなすみそ …………………………103

●にら
簡単プルコギ …………………………34
スンドゥブチゲ …………………………109
きつねギョーザ …………………………111

●にんじん
カマンベールチーズフォンデュ …………………………32
簡単プルコギ …………………………34
具だくさんポトフ …………………………36
納豆カレースープ …………………………48
レンチン肉じゃが …………………………50
おろし豚汁 …………………………52
サバーニャカウダ …………………………58
ゴロゴロ鶏の混ぜごはん …………………………60
ミートソースベース …………………………72
薄焼き卵の巻ナムル …………………………99

●ねぎ
コーラで煮込む豚の角煮 …………………………20
タケムラ流・さばのみそ煮 …………………………24
麻婆オールスターズ …………………………28
さけさけ蒸し …………………………56
ねぎの七味肉みそマヨ …………………………71
油淋鶏（ユーリンチー） …………………………118

●白菜
きつねギョーザ …………………………111

●パプリカ
鶏肉のトマト煮込み …………………………48
サバーニャカウダ …………………………58

●ピーマン
簡単プルコギ …………………………34
鶏肉のトマト煮込み …………………………48
タケムラ流・無限ピーマン …………………………50
カンタン・ナポリタン …………………………30

●ブロッコリー
カマンベールチーズフォンデュ …………………………32
具だくさんポトフ …………………………36
さけさけ蒸し …………………………56
ブロッコリーの粒マスタードあえ …………………………97
ブロッコリーのシーフードあんかけ …………………………97
ブロッコリーえびマヨ …………………………97

●ほうれん草
三色丼 …………………………75
ほうれん草のトリプルごまあえ …………………………99
ほうれん草のココット …………………………99
薄焼き卵の巻ナムル …………………………99

●もやし
薄焼き卵の巻ナムル …………………………99

●レタス
簡単タコライス …………………………84

●きのこ類
カンタン・ナポリタン …………………………30
具だくさんポトフ …………………………36
えのきのパスタサラダ …………………………48
山盛りきのこ汁 …………………………50
さけさけ蒸し …………………………56
ゴロゴロ鶏の混ぜごはん …………………………60
きのこバターのチーズせんべい添え …………………………107
エリンギのお刺身 …………………………107
きのこのキッシュ …………………………107
スンドゥブチゲ …………………………109

●ミックスベジタブル
マグカップオムライス …………………………88

卵

マグカップで本格親子丼 …………………………40
超時短！フォンダンショコラ …………………………42
ふわふわ卵のお吸い物 …………………………60

三色丼 …………………………………75
究極を超えたTKG ……………………86
マグカップオムライス …………………88
タケムラ流・絶品かま玉うどん ………82
マグカップフレンチトースト …………90
ほうれん草のココット …………………99
薄焼き卵の巻ナムル ……………………99

豆腐・油揚げ・納豆

●豆腐
麻婆オールスターズ ……………………28
韓国風・肉みそ冷や奴 …………………71
自分好みの麻婆豆腐 …………………109
スンドゥブチゲ ………………………109
豆腐蒸しパン …………………………109

●油揚げ
山盛りきのこ汁 …………………………50
きつねコロッケ ………………………111
きつねギョーザ ………………………111
ドデカ爆弾いなり ……………………111

●納豆
納豆カレースープ ………………………48
ほわっほわ納豆 …………………………52

ごはん・餅・パン・めん

●ごはん
玉ねぎ丸ごとカレー ……………………16
マグカップで本格親子丼 ………………40
ゴロゴロ鶏の混ぜごはん ………………60
イタリアンドライカレー ………………73
三色丼 …………………………………75
魚介を食べるカレー ……………………80
簡単タコライス …………………………84
究極を超えたTKG ……………………86
マグカップオムライス …………………88
もち米いらずの簡単おはぎ ……………92
アスパラおむすび ……………………101
ドデカ爆弾いなり ……………………111
中華おこげ ……………………………124

●餅
もち米いらずの簡単おはぎ ……………92
中華ちまき ……………………………114

●パン
バインミー ………………………………66
マグカップフレンチトースト …………90
プチカレーパン ………………………120

●スパゲッティ
カンタン・ナポリタン …………………30
豚しゃぶおろしポン酢パスタ …………58
にんにくボロネーゼ ……………………73

●サラダスパゲッティ
えのきのパスタサラダ …………………48

●うどん
イタリアン焼UDON ……………………38
タケムラ流・絶品かま玉うどん ………82

おやつ

超時短！フォンダンショコラ …………42
焼きりんご ………………………………44
キャラメルアフォガード ………………94
豆腐蒸しパン …………………………109

その他

●春雨
麻婆オールスターズ ……………………28

●牛乳
和風クラムチャウダーリゾット ……116

●ヨーグルト
トルコ風 水ギョーザ …………………128

●チーズ
カマンベールチーズフォンデュ ………32
チーズタッカルビ ………………………64
簡単タコライス …………………………84

おわりに

テレビ番組などで取り上げて頂くようになってから、
有り難いことに様々な形で料理の仕事のオファーを頂戴するようになりました。
とは言え、私の別の顔であるゲームクリエイターやコンテンツプロデューサーとしての
仕事をおろそかにすることは私の信条としても絶対にあってはなりません。
そんな中、今回のレシピ本出版のお話を頂き、製作期間を伺った時は、
あまりに過密な内容とスケジュールに、
幽体離脱してしまうんじゃないかってほど気が遠くなったのを覚えています。

ただでさえ多忙な状況に加えて、課せられたレシピの数は100種類。
冗談キツイよ……と思ったのも事実ですが、なんて言いますかね。
感じちゃったんですよね。
編集の方の「必ず良いものを作るし、絶対に後悔させない！」っていう
クリエイター魂を。

そうなってしまったらもう一瞬で「よっしゃ！ やったろやないかぃ！」
という気持ちにシフトチェンジ！！
大げさでも何でもなく、私の持てる力の全てをかたむけて、
製作に取り組ませて頂きました。

100レシピ全てを作り終えた時の感動たるや、もうね……
「筆舌に尽くしがたい」ってのはこのことだな……と。

当然、私一人の力だけでそれを成し得たわけではなく、先述した編集の方や、
連日連夜の作業で構成を担当して下さったライターの方、
撮影を担当して下さったカメラマンの方や、
私の料理をサポートして下さったフードコーディネーターの方の手際の良さ、
様々な方の最大級のクリエイティビティがあったからこそであることは
言わずもがなであります。
（皆さん、本当にありがとうございました！）

そして、ここからが大事！！

それぞれを担当して下さったクリエイターの皆さんの尽力はもちろんなんですが、
考えられないほどの短期間で100レシピを作り切れた最大の立役者は、そう……

「電子レンジ」

なんですよ！

この最強の相棒の力があってこそ、調理の時間を最大限に短縮することが可能となり、
作業時間を極限まで縮めることができたんです！！

本書の冒頭でも申し上げた通り、手間暇かけておいしいものを作ること、
とっても大切だと思います。
でも、残念ながら時間は有限です。
だから、電子レンジを上手に活用して、大切な時間を1分でも多く作って、
家族や恋人や仲間や自分のために使う。

それは果たして「手抜き」でしょうか？
私は絶対に違うと断言します。

レンチンレシピは、そんな想いから生まれた、愛ある「手間抜き料理」なんです。

タケムラダイ

タケムラダイ　電子レンジ料理研究家

電子レンジ料理研究家としてTVのバラエティ番組で活躍する傍ら、家庭用ゲーム機のゲームソフトを開発するクリエイターや、作詞家としてアーティストのプロデュースを行うなど、業態やジャンルにとらわれないマルチな活動を展開。多忙を極める日々を過ごす中で、幼少期からの趣味であった「料理」に満足な時間が取れなくなったことから短時間で手間暇かけたような絶品料理を作ることができる電子レンジの魅力に引き込まれる。クリエイターならではの発想から生まれる簡単で楽しいレンチン技はTV番組でも反響が大きく、主婦、一人暮らしの方、ズボラさんなど幅広い層にウケている。全メニュー電子レンジ調理のお店「ビストロレンチン!」や「超にんにくフェス」の料理プロデュースも務める。冷凍食品をこよなく愛する冷食愛好家。

Twitter @dai_takemura
Instagram @dai_takemura010
HP https://www.vorpal-et.com

STAFF

Photo／矢野宗利
Cooking assistant／竹中紘子
Book design／大久保有彩
DTP／G-clef
Edit／望月美佳
Editor in chief／小寺智子

レンジがあればなんでもできる！
早ワザ・神ワザ・絶品レンチンごはん

2019年11月15日 第1刷発行

著　者　タケムラダイ
発行人　蓮見清一
発行所　株式会社宝島社
〒102-8388 東京都千代田区一番町25番地
☎03-3239-0926（編集） ☎03-3234-4621（営業）
https://tkj.jp

印刷・製本　図書印刷株式会社

本書の無断転載・複製を禁じます。乱丁・落丁本はお取り替えいたします。
©Dai Takemura 2019 Printed in Japan
ISBN978-4-299-00003-3